Éditions Héloïse d'Ormesson | CONTROVERSES

Janine Bonaggiunta
Journal d'assises
Récit

ISBN 978-2-35087-784-6

Éditions Héloïse d'Ormesson, 92 avenue de France, 75013 Paris
www.editions-heloisedormesson.com

FSC
www.fsc.org
MIXTE
Papier issu de sources responsables
FSC® C003309

L'éditeur de cet ouvrage s'engage dans une démarche de certification FSC® qui contribue à la préservation des forêts pour les générations futures.

Pour en savoir plus :
www.editis.com/engagement-rse/

À mon fils.

Dimanche 20 juin

De Paris à Chalon-sur-Saône

Il est l'heure de partir. Sur de nouveaux rails.

Demain, je plaiderai devant la cour d'assises de Chalon-sur-Saône.

Chargée de mes deux valises, et au téléphone avec une de mes (trop nombreuses) clientes en détresse, je prends place dans le train. Et c'est comme si j'avais été téléportée là sans vraiment m'en rendre compte.

Comment ai-je atterri sur mon siège ? Entre le taxi et le quai gris et anonyme, quasi désert, je ne me souviens plus de rien.

Je vais essayer de me détendre un peu, faire une petite sieste réparatrice afin de rééquilibrer ma dette de sommeil.

Mes paupières ne resteront closes que quelques secondes : à peine assoupie, la tête penchée sur le côté, je reçois des SMS de journalistes qui souhaitent m'interviewer dès mon arrivée sur les lieux du procès, qui s'ouvrira demain matin.

Ce procès est médiatisé avant même d'avoir commencé. La cliente que je défends cette semaine, Valérie Bacot, a fait le choix de raconter son calvaire en amont des assises : elle a écrit un livre et accordé de nombreux entretiens à la presse sur son enfance meurtrie et sa vie de femme avilie, son voyage au bout de l'enfer qui n'est pas encore fini.

Une de mes collaboratrices m'accompagne, le voyage est studieux et silencieux, chacune travaille de son côté, concentrée. Le temps de vider une petite bouteille d'eau minérale et de re-stabiloter des centaines de pages du dossier, et notre train entre en gare de Chalon à 13 h 30.

Un saut rapide à mon hôtel afin d'y déposer mes deux valises, l'une, moyenne, contenant mes dossiers et l'autre, plus grande, mes vêtements, mes chaussures et mes affaires de toilette, et je repars. Une équipe de presse nous attend au centre-ville. Je n'ai pas déjeuné, je n'en aurai pas le temps, pour ne pas changer.

À peine arrivée et déjà en retard, je rejoins précipitamment ma cliente, entourée par les journalistes. Il a été convenu quelques jours plus tôt que l'entretien qu'elle accorderait avant le premier jour de l'audience serait filmé, pour restituer authentiquement la manière dont elle aborde ses cinq jours de procès, ses appréhensions, son état d'esprit, ses interrogations, mais aussi ses peurs, sa profonde souffrance de devoir revivre sa vie, publiquement. Toute sa vie, et la mort de son bourreau, qu'elle a tué pour ne pas mourir elle-même.

En l'écoutant répondre aux questions et parler d'elle, de son existence, ô combien tragique, elle qui s'est toujours tue et jamais plainte, je suis délestée d'un léger poids, la sentant mieux armée pour affronter ces cinq journées, et surtout la première, souvent la plus dure à surmonter pour un accusé.

Concernant la préparation du dossier, je leur explique que lorsque j'accepte de plaider une affaire devant la cour d'assises, j'ai pour habitude de consacrer beaucoup de temps à la répétition de l'audience, afin de coacher mes clientes accusées d'avoir tué leur mari ou concubin violent.

Mon protocole est toujours le même.

D'abord, je leur demande de rédiger leur histoire dans un cahier, avec leurs mots. De me raconter leur enfance, leur adolescence, leur parcours jusqu'à leur rencontre avec celui qui partagera leur quotidien de femme, et tout ce qu'elles ont vécu avec ce dernier, dans les moindres détails – détails qui, en d'autres contextes, pourraient passer pour les plus obscènes.

J'ai bien conscience de ce qui peut apparaître comme un exercice totalement impudique pour les non-initiés. Toutefois, il faut bien comprendre qu'une salle de cour d'assises est, par essence, l'endroit de la République où la pudeur a le moins sa place.

Tout le passé des accusés sera disséqué, commenté par une multitude d'experts, de psychologues, de psychiatres, d'enquêteurs de personnalités, des centaines et des centaines de questions seront posées par la cour, par les avocats de la partie civile, avec plus ou moins de délicatesse (le plus souvent moins que plus), des bulletins scolaires de CP à l'opinion de la voisine de palier ou du boucher-charcutier du quartier.

Dans ces conditions si particulières, j'ai compris qu'il était important pour elles d'écrire, de dire enfin ce qu'elles n'ont jamais osé formuler, de revenir sur tous les évènements fondateurs de leur existence meurtrie, pour faire remonter ce qu'elles pensaient évaporé de leur mémoire traumatisée, pour mieux comprendre ce qu'elles sont devenues et ce qui les a poussées à commettre l'irréparable.

Un travail préparatoire essentiel qui me donne accès à tous les éléments qui me permettront d'optimiser leur défense quand il sera l'heure de plaider devant les jurés.

L'interview terminée, après que je l'ai rassurée de mon mieux, ma cliente repart plus sereine dans l'appartement qu'elle a loué à proximité du tribunal pour être avec ses enfants et certains proches.

De mon côté, après un nouveau saut de puce à l'hôtel (dont la façade a de faux airs de *Shining*), je fais les cent pas dehors en attendant l'Uber qui doit me conduire chez un réalisateur qui m'attend avec son équipe dans un appartement, qu'il a également loué pour la semaine, à quelques pâtés de maisons. Il mettra plus d'une demi-heure à arriver, le temps de pulvériser mon brushing et de provoquer en moi un sincère agacement.

Une fois à bon port, et malgré la désagréable impression d'avoir plongé dedans la tête la première, je retrouve le sourire instantanément grâce à la gentillesse de Pascal et de son caméraman Joseph, deux Cortenais très affables, originaires de la même ville que ma mère, où j'ai passé toutes mes vacances d'été. Leur bienveillance spontanée, leur sens de l'hospitalité atavique m'offrent une courte évasion enchanteresse : une belle assiette de fromage et de charcuterie *nustrale*, accompagnée de délicieux fruits frais m'est gentiment proposée avant de commencer.

Détendue par cette parenthèse chaleureuse, l'interview est confiée à une jeune femme très douce de l'équipe, à la voix apaisante. Ses questions sont amenées avec intelligence et tact. Je me sens à l'aise dans mes réponses.

Ils préparent un documentaire sur mon parcours et mon activité dédiée à la défense des victimes de violences conjugales et intrafamiliales – combat que je mène quotidiennement depuis douze ans –, ce choix qui s'est imposé à moi comme une évidence.

Ce travail, qui relève plus du sacerdoce, ne doit pas être envisagé comme un sprint, mais plutôt comme une course de fond. Je lui précise d'emblée que lorsque j'accepte de défendre une femme, je dois être convaincue qu'elle a souffert et a été la victime d'un authentique prédateur.

Sans cela, je ne saurais être convaincante, car je vais la soutenir pendant de nombreuses années, nuit et jour. Pour elle comme pour moi, il n'y aura plus de vacances ni de week-end. Je serai à sa disposition dès lors qu'elle me sollicitera ou quand les circonstances l'exigeront.

En moyenne, entre le cabinet du juge d'instruction et la reconstitution des faits, les audiences de demande de mise en liberté, les visites au parloir en détention jusqu'à l'audience devant la cour d'assises et la plaidoirie finale – voire jusqu'à la demande de grâce présidentielle quand les autres recours pouvant conduire à sa mise en liberté ont été vains –, cela dure entre deux et quatre ans.

22 heures.

L'entretien achevé, le réalisateur propose de me raccompagner à mon hôtel. Sur le chemin, je passe devant le tribunal endormi. La pluie a cessé, l'air est doux. Le calme avant la tempête.

Quelques rues plus loin, un petit restaurant est encore ouvert, où je commande une salade italienne à emporter avant de regagner ma chambre. La numéro 35, au troisième étage. Superstitieuse incurable, j'ai l'heureuse surprise de constater en faisant l'addition de ces deux chiffres que l'on obtient mon numéro porte-bonheur : le 8.

Selon la direction, ma chambre est la plus agréable et la plus spacieuse de toutes les chambres de l'établissement – véridique, étant donné celles que j'entrapercevrai lors du ménage en regagnant l'ascenseur les matins suivants.

On pourrait même y trouver un petit charme, en supposant qu'on soit nostalgique des infrastructures hôtelières de l'Allemagne de l'Est à l'aube des années 1980.

Situé au cœur de la ville, le bâtiment est historique, austère, à l'inverse de son personnel, agréable. Quant à la chambre que j'occupe, elle dispose de deux immenses fenêtres qui donnent sur la rue principale, d'un grand miroir, d'un petit bureau et d'un lit double très confortable. Mais malgré ses promesses, elle demeure anxiogène.

Je dîne devant le JT du soir : les images de ma cliente défilent, puis celles de son comité de soutien, je me vois également à l'écran sans trop m'en étonner, le procès est relayé par la presse depuis des semaines.

Mon assiette vide, je défais mes valises, la tête un peu lourde.

J'essaie tant bien que mal de rendre cet endroit un peu plus « vivant ». Pour ce faire, je répartis certains objets personnels dans la pièce. Sur une petite table qui fera office de bureau, je dépose tous mes dossiers. Ils sont noirs, épais, cartonnés, et sur chacun d'eux est inscrit en lettres blanches un titre, en majuscules. Un pour chaque étape de l'affaire.

PROCÉDURE

À l'intérieur, les procès-verbaux d'auditions de l'accusée (devant les services d'enquête, ici la gendarmerie nationale), les procès-verbaux d'interrogatoires devant le juge d'instruction par ordre chronologique, l'ordonnance de mise en accusation qui reprend les faits, toutes les étapes de la procédure – les éléments les plus importants figurant dans les rapports des nombreux experts désignés par la cour d'assises –, et les motifs du renvoi devant la cour d'assises.

TÉMOINS

Ce dossier regroupe les procès-verbaux des enquêteurs, des membres de la famille de l'accusée, des voisins, des enfants et de tous ceux qui ont participé directement ou indirectement à la vie de la famille.

À l'intérieur, plusieurs sous-dossiers : un par témoin. Sur chacun est inscrit son nom. Ils sont classés par ordre de passage devant la cour – la liste ayant été adressée au cabinet par la greffière avant l'audience.

À partir de ce classement, je sélectionne méticuleusement tous les éléments qui sont favorables à ma cliente dans les déclarations de ses enfants, des voisins, des connaissances et parfois même des enquêteurs. Mais également tous les procès-verbaux d'auditions à charge.

PARTIE CIVILE

La seule partie civile est le département, qui intervient pour le fils mineur du couple.

EXPERTISES

Tous les rapports : balistique, physio-chimique, toxicologique, ADN, autopsie. Également les rapports psychologique, psychiatrique, l'enquête de personnalité.

Les experts désignés par le juge d'instruction ont déposé des rapports qui doivent être exploités par l'avocat de la défense. Lors des interrogatoires, il leur sera posé des questions pour éclaircir certains passages très techniques.

J'espère vivement leur présence, ce qui n'a pas toujours été le cas dans plusieurs de mes dossiers.

De même, les conseils de l'accusée et la partie civile peuvent faire citer les experts de leur choix.

Dans l'étude de mes dossiers, je ne laisse rien au hasard. Jamais. Ma méthode est « chirurgicale », quitte à ce que cela vire à l'obsession. Je suis capable de relire des dizaines de fois l'entièreté du dossier, d'y passer des nuits sans sommeil, car mon but est non seulement de le maîtriser à la perfection pour relater les faits de la manière la plus précise, mais aussi de pouvoir pointer du doigt toutes les contradictions relevées dans les diverses dépositions des témoins.

Aucune des pièces ne doit m'être inconnue, les déclarations de tous les témoins comme celles de ma cliente : son enfance, son adolescence, sa vie de concubine, d'épouse, de mère, et surtout les violences, l'ensemble des sévices qu'elle a subis pendant tant d'années, dans l'indifférence de son entourage immédiat et de la société entière.

En plaçant mes dossiers dans la chambre, en les manipulant, je me sens déjà mieux. Tout est en ordre, tout est sous contrôle, et cette pensée m'apaise. Une dernière vérification. C'est bon, tous mes documents sont en place, là où ils doivent être. Je commence enfin à souffler, je n'ai rien oublié.

Je range ensuite ma trousse noire avec son inscription pailletée « Je suis une Princesse », cadeau d'une de mes amies, qui m'arrache un petit sourire à chaque fois que je la sors. Elle déborde de stylos-feutres de toutes les couleurs, de Stabilos fluo, de crayons à papier, d'un taille-crayons. Je ne comprendrai jamais pourquoi je ressens le besoin d'avoir en triple toutes ces fournitures…

Réminiscence de l'école primaire, où déjà ce rituel me tranquillisait ?

Sous la lumière blafarde de la lampe de bureau, des feuilles blanches cartonnées pour rédiger le plan de ma plaidoirie, quelques annotations éparses. Voilà, mon espace de travail prend forme.

Il ne me reste plus qu'à défaire ma valise qui contient ma robe d'avocate à la bavette (ou rabat) immaculée (j'en ai deux autres en réserve au cas où elle serait tachée), que je suspends sur un cintre, puis mes vêtements, que j'ai préparés avec soin avant de partir.

J'ai pris le parti de n'emporter que des vêtements confortables, pratiques tout en étant sobres. Néanmoins, je veille à les magnifier d'une touche de modernité discrète dans mon choix des accessoires (montres, chaînes, boucles d'oreilles). Tout ça pour éviter de paraître dix ans de plus (ce dont je n'ai vraiment pas besoin) ! Ma garde-robe de la semaine se compose donc de blazers et pantalons aux couleurs neutres : blanc, noir, bleu marine et beige, ainsi que d'escarpins pas trop hauts et de ballerines – car une journée entière juchée sur des talons de huit ou douze centimètres n'est malheureusement plus possible pour moi.

Vous l'aurez compris, je suis une victime consentante de ma coquetterie, j'accorde beaucoup d'importance aux tenues, que je choisis toujours en fonction de la sensation de confort qu'elles me procurent, et ce, également pour me libérer d'un souci supplémentaire le matin, car je ne peux pas me permettre de perdre un temps précieux !

Je n'oublie pas de sortir quelques grigris qui m'accompagnent en permanence : une collection de chapelets, soigneusement rangée dans mes affaires. C'est probablement mon côté corse.

J'ai toujours une tendre pensée pour mes grands-mères en les choisissant : couleur argent, or, versicolores, noirs, blancs, rouges, verts, orange, jaunes, petits, grands, en or rose ou en corail, en plastique ou en argent massif, de Grèce, de Corse, de Naples, du Brésil, de Colombie ou du Mexique, ils viennent des quatre coins du monde. Chaque fois que je visite une église dans un pays ou une région étrangers, j'en achète un.

Mes grands-mères bien-aimées portaient toujours des médailles religieuses bénites sous leurs vêtements. Ces vieilles dames en noir à la parole rare et aux gestes tendres avec lesquelles j'allais tous les dimanches à la messe avant de passer à la pâtisserie acheter des gâteaux pour le déjeuner dominical.

Je suis profondément nostalgique de mon enfance, heureuse d'avoir pu partager les traditions de ces femmes nées à la fin du XIXe siècle. J'y repense souvent, à cette époque, lointaine, où ma vie était dénuée de toutes préoccupations graves…

Demain matin, je choisirai donc un chapelet que je mettrai autour de mon cou sous ma robe d'avocate ou dans une petite pochette avec mes stylos, que je placerai devant moi sur le pupitre.

Enfin, je pose mes affaires de toilette dans la salle de bains, que j'ai mis du temps à découvrir, car elle était cachée derrière une porte en trompe-l'œil dans le placard ! Pendant un moment, j'ai même eu peur qu'elle soit sur le palier.

Cette salle de bains, à l'image du reste, est vieillotte ou vintage, selon les sensibilités. Un *revival* des années 1970 dans son jus, avec son carrelage ébréché d'un coloris dégradé variant du taupe au marron foncé. Cela dit, elle est spacieuse, je peux y disposer tous mes produits sans difficulté, ce qui mérite d'être souligné. Hors de leur trousse, les produits de maquillage, lait démaquillant, crèmes, brosses, eaux de toilette (dont la plupart sont totalement inutiles) m'affolent un peu : comment ai-je pu encore une fois prendre tout ça ? Mais je me trouve des excuses : après tout, ne suis-je pas ici jusqu'à samedi prochain ?

Je suis depuis toujours très « fille », selon le vieux stéréotype : je collectionne les rouges à lèvres, les crayons pour les yeux, les ombres à paupières, alors que je ne me maquille pourtant qu'avec une grande parcimonie. Allez savoir pourquoi, là aussi, mais cela me rassure. J'y trouverai probablement une explication sur le divan de mon psychanalyste.

Après une longue douche, je m'allonge sur le lit, qui est immense. Confortablement installée, je m'autorise à souffler, il est bientôt minuit. Je regarde une chaîne d'infos quelques minutes avant d'éteindre pour rejoindre Morphée.

Lundi 21 juin

Premier jour de procès

Levée à 7 heures.

Après un petit déjeuner pris dans ma chambre, je me prépare et enfile une veste bleu marine avec des boutons couleur argent, un pantalon assorti, un tee-shirt blanc, une paire d'escarpins noirs et des boucles d'oreilles en perle blanche, pour lesquelles j'ai un penchant particulier.

À peine sortie, une caméra me suit sur le chemin du palais de justice, situé à cinq minutes à pied de l'hôtel. Je m'y rends non sans une certaine appréhension : ce dernier ne m'est pas familier, je n'y suis allée qu'une seule fois auparavant. Et il faut savoir que les assises, c'est toujours un moment très particulier dans la vie d'un avocat.

Je constate rapidement qu'une foule compacte est déjà présente. Des femmes et des hommes de tous âges, et beaucoup de journalistes, caméras, perches et micros au poing, de télévision ou de radios, nationales ou étrangères (allemande, anglaise, danoise, etc.). Le contexte de cette affaire est singulier : ma cliente a décidé de faire médiatiser son dossier avant l'audience, ce qui explique tout l'intérêt qu'elle suscite.

Je la vois, de loin, qui arrive entourée de membres de son comité de soutien et de ses enfants. Elle ne passe pas inaperçue au milieu de toute cette agitation. Aussitôt, les journalistes se précipitent dans sa direction. Elle avance, l'air hagard, montant les marches cachée par ses enfants qui forment comme un rempart de protection improvisé mais efficace.

Je constate que son arrivée est chahutée, elle est poursuivie par une meute de caméras, elle montre beaucoup d'appréhension et d'hésitation. J'ai le sentiment que si elle avait pu entrer par une porte dérobée, elle l'aurait fait, et je la comprends. Moi qui suis pourtant familiarisée avec la presse depuis de nombreuses années, je me sens également oppressée et préfère toujours rester en retrait de ce tumulte.

Jusqu'à maintenant, je n'ai pas communiqué. Même si des questions me sont adressées. Mais que pourrais-je dire avant le procès ? Rien que l'on ne connaisse déjà sur cette affaire. Ce qui me préoccupe bien davantage, c'est l'état dans lequel se trouve ma cliente, dont je remarque le regard apeuré.

Elle m'apparaît tel un animal traqué par une horde de prédateurs. Je lui emboîte le pas alors qu'elle passe le portique de sécurité. Je la rejoins dans la salle d'audience et tente de la rassurer, mais à ce moment précis, les mots justes me sont difficiles à trouver.

Que dire ? Ça va aller ? Tout va bien se passer ? Ne vous inquiétez pas ? Moi-même, je ne sais absolument pas comment va se dérouler cette audience et quelle en sera l'issue.

Au moment de pénétrer dans cette salle inconnue et intimidante où va se jouer son avenir, les questions qu'elle se pose sont les mêmes que les miennes : à quelle peine va-t-elle être condamnée ? Combien de temps va-t-elle devoir passer en prison ? Combien de temps va-t-elle encore être séparée de ses enfants, sa raison de vivre ?

Lors de l'une de ses visites à mon cabinet, je lui avais expliqué en détail la configuration de la cour, que j'avais pris soin de lui dessiner en lui précisant la place qui sera attribuée à chacun : la présidente, les assesseurs, les jurés, la greffière, l'avocat général, l'huissier d'audience, le banc des parties civiles et la chaise où elle sera installée, devant la mienne, chaise de laquelle elle ne pourra bouger au cours de l'audience, hormis durant les suspensions.

Elle comparaît sans être détenue puisque sa mise en liberté a été ordonnée au bout d'un an de détention. Placée sous contrôle judiciaire, elle sera donc assise devant ses avocates, face à la cour et de profil par rapport à l'avocat général positionné à sa gauche.

Pour la même raison, elle ne sera pas entourée de gendarmes, comme elle l'aurait été dans le box vitré des accusés. Et elle pourra sortir de la salle dès la suspension d'audience pour déjeuner avec ses proches et dormir auprès d'eux chaque soir.

Tout en enfilant ma robe, je tâche une nouvelle fois de rasséréner ma cliente. Puis je dépose mes dossiers sur mon pupitre et me dirige vers une petite porte, au fond à droite de la salle.

À la cour d'assises, il est de coutume que les avocats aillent se présenter au président ou à la présidente ainsi qu'à ses conseillers dans un bureau attenant à la salle d'audience, là où la cour et les jurés s'enfermeront durant les suspensions d'audience – salle interdite au public puisque c'est le lieu où ils débattront et rendront le verdict.

Je m'annonce auprès de la greffière, qui m'introduit.

La présidente est une femme très agréable, au regard franc et doux, les cheveux bruns et attachés en queue-de-cheval. Son rôle est de veiller à ce que les débats se poursuivent dans la sérénité requise au bon exercice de la justice. En outre, elle assure la police de l'audience : c'est à elle que revient le pouvoir de faire cesser les incidents éventuels qui pourraient survenir au cours des débats.

Les conseillers sont deux hommes d'une quarantaine d'années, d'apparence austère, le visage fermé, qui me saluent un peu sèchement.

En sortant du bureau, je croise l'avocat général, à l'air plutôt jovial et dynamique. Du moins avant que l'audience ne commence… Après le bonjour d'usage, il me dit, l'air narquois : « On sait bien que l'avocat général est toujours le méchant. » J'avoue ne pas comprendre son propos. Mais cela me semble prometteur…

Je poursuis mes salutations de retour dans la salle avec l'huissier-audiencier, qui a un rôle important dans le procès puisqu'il en est en quelque sorte le maître de cérémonie. C'est à lui qu'incombe de veiller au bon déroulement de l'audience, il intervient si des personnes se comportent discourtoisement, font du bruit, parlent en même temps que les professionnels de justice ou les témoins, agissent de manière intempestive ou utilisent leur téléphone portable. C'est lui qui est chargé d'appeler au procès les parties civiles et l'accusé(e) ou les accusé(e)s, les témoins et les experts.

Je regagne le banc de la défense et, alors que je sors mes affaires, l'huissier annonce d'une voix de stentor : « La cour ! » comme au début d'une pièce de théâtre. Toute la salle se lève. Il ne manque que les trois coups de canne à cette atmosphère cérémonieuse.

La présidente est vêtue d'une robe rouge sang et ses assesseurs de robes noires, la solennité du moment est impressionnante même pour un avocat, et en même temps éminemment souhaitable. Pas une parole, pas un bruit ne vient troubler cette ambiance si particulière et perceptible par tous. Il y a quelque chose de sacré dans la cour d'assises, qui n'est pas une juridiction permanente et ne siège que de manière intermittente.

Ce lieu est celui où la vérité doit et va éclater. C'est le moment crucial où l'accusée est entendue une dernière fois avant le prononcé du verdict.

Le décor est planté. Le respect est la règle dans cette enceinte.

Toutes les personnes présentes ne se rassiéront que lorsque la présidente dira d'une voix ferme : « Vous pouvez vous asseoir. » Elle demandera ensuite à l'huissier de vérifier si tous les jurés tirés au sort sont présents dans la salle, avant de procéder au tirage, condition essentielle pour commencer.

Pour être juré, il faut être tiré au sort sur les listes électorales et ne jamais avoir été condamné.

Il nous faut choisir les jurés en fonction d'une nouvelle liste qui nous a été remise par la greffière, qui n'est pas identique à celle qu'elle nous avait adressée quelques jours plus tôt par courrier. Mais il faut nous adapter. Et en réalité, ça ne change pas grand-chose. Sur cette liste figurent le nom, la date de naissance et la profession de chacun : c'est-à-dire peu de renseignements nous permettant de faire un choix avisé.

Nous n'avons malheureusement aucune certitude sur cet homme ou cette femme à qui il nous faut faire confiance pour écouter, comprendre le dossier et juger l'accusée « en son âme et conscience ». Les jurés découvrent le lieu et vont devoir, s'ils sont tirés au sort et non récusés par les avocats ou l'avocat général, qui représente les intérêts de la société, rester durant cinq jours dans cette salle d'audience pour statuer sur ce dossier dont ils n'ont jamais eu connaissance.

Au terme du tirage au sort, six jurés seront retenus. Le nombre maximum de jurés susceptibles d'être récusés est de quatre par le conseil de l'accusé et trois par le ministère public. Les récusations interviennent après que le président a annoncé le nom du juré et aucun motif n'a à être donné sur ce choix. Le conseil de l'accusée se prononce d'abord, le ministère public ensuite.

Pour ma part, je récuse ou non un juré selon ma première impression, au feeling, souvent lorsqu'il se lève à l'appel de son nom, ce qui est totalement arbitraire. Un avocat doit se fier à son intuition.

Le premier juré tiré au sort n'est pas récusé, c'est un retraité, la soixantaine, petit, grisonnant, il passera devant l'accusée et les conseils avec un sourire aux lèvres, fier ou reconnaissant d'avoir été choisi.

Dans certaines affaires, j'ai vu des jurés qui, une fois confirmés, ont manifesté, par un regard contrarié ou méchant, leur mécontentement alors qu'ils rejoignaient leur place auprès de la présidente et ses assesseurs.

Aujourd'hui, parmi les six jurés, trois femmes et trois hommes vont être retenus pour siéger auprès de magistrats professionnels. J'y accorde une grande importance et veille à ce que la parité soit appliquée, qu'ils aient des âges différents et exercent des professions variées. Je pense que cette diversité sera d'autant plus représentative de la société civile.

Sont également tirés au sort deux jurés suppléants susceptibles de remplacer un juré titulaire en cas d'empêchement, et un troisième à titre exceptionnel en raison de la crise sanitaire et des risques liés à la pandémie.

Ils prêtent serment l'un après l'autre en levant la main droite : « Je le jure », après le discours prononcé par la présidente : « … d'examiner avec l'attention la plus scrupuleuse les charges qui seront portées contre l'accusée… de ne trahir ni les intérêts de l'accusée ni ceux de la victime… de n'écouter ni la haine ou la méchanceté, ni la crainte ou l'affection… que l'accusée est présumée innocente et que le doute doit lui profiter… de vous décider d'après les charges et les moyens de défense, suivant votre conscience et votre intime conviction, avec l'impartialité et la fermeté qui conviennent à un homme probe et libre, et de conserver le secret des délibérations, même après la cessation de vos fonctions. »

Les jurés n'auront pas le droit de communiquer sur le procès à l'extérieur, sauf entre eux. C'est ainsi que, lors de suspensions d'audience, il m'est arrivé d'en croiser certains à la machine à café ou dans un bar-restaurant proche du palais de justice qui, en me voyant, s'empressaient de s'écarter, tandis que d'autres me faisaient un grand sourire en me saluant.

Il leur est interdit de manifester leur opinion, ce qui explique qu'au cours des débats, aucune expression ne transparaît sur leur visage, même si je peux certifier que, dans plusieurs de mes affaires, j'ai pu voir des larmes couler et des mouchoirs les essuyer furtivement. Mais j'ai vu aussi des jurés s'assoupir, des jurés qui n'étaient pas attentifs, qui ne prenaient aucune note, qui ont dû être remplacés au cours de la semaine du fait de leur penchant pour l'alcool, d'autres encore trop éprouvés par les témoignages, obligeant le président à suspendre l'audience à plusieurs reprises.

Les jurés représentent chaque citoyen avec ses forces et ses fragilités, sa sensibilité. Alors quoi de plus normal que l'un d'eux puisse se sentir mal à l'aise dans cette enceinte et ne puisse affronter les horreurs qu'il y entend.

Les jurés n'ont pas accès à la plupart des pièces du dossier ni de la procédure écrite, sauf quelques-unes par l'intermédiaire de la présidente ou des conseils des parties qui les verseront aux débats. Ils pourront également voir les photos qui seront projetées pendant l'audience. Certaines sont très difficiles à regarder, notamment celles prises lors du rapport d'autopsie ou de la reconstitution de la scène du crime.

Nous y sommes. La cour se compose donc de la présidente, de deux assesseurs, du jury, d'une greffière, du ministère public représenté par l'avocat général et de l'huissier-audiencier. Et bien évidemment, de l'accusée et de la partie civile.

Le procès d'assises peut enfin commencer…

Puisque la présidente exerce un pouvoir de police, elle prend toutes les mesures pour assurer l'ordre, la sécurité et le calme des débats, tant dans la salle d'audience qu'à l'extérieur du prétoire, afin de ne pas compromettre la sérénité du procès ou la sécurité de ceux qui y participent, par exemple par des attroupements ou des manifestations.

Pour cette affaire, elle a limité l'entrée du public à cause des mesures sanitaires, a autorisé des prises de vues pour les journalistes avant l'ouverture de l'audience, et une salle spéciale a été mise à disposition de ces derniers dans le but d'assurer la retransmission des débats.

Afin d'éviter tout incident, les avocats des différentes parties doivent veiller à ce que le comportement des proches ne soit pas nuisible à leurs clients et les prévenir de l'attitude à tenir. Le cas échéant, il est possible d'en informer la présidente. Ce que je n'ai pas manqué de faire dans une autre affaire (viol sur conjoint) lors de laquelle j'avais reçu des menaces de la part de la famille de l'accusé pendant les suspensions d'audience.

Vient le tour de l'appel des témoins. Les témoins seront appelés à la barre pour y faire leur déposition orale et spontanée, selon l'ordre établi par la présidente, qui pourra, une fois leur déposition achevée, les interroger, tout comme les avocats et le parquet. Les témoins ont pour obligation de prêter serment avant de commencer, « de parler sans haine et sans crainte, de dire toute la vérité rien que la vérité », sauf les pères et mères, les ascendants ou descendants ainsi que les frères et sœurs de l'accusé(e).

Très fréquemment, les témoins sont mal à l'aise ou même totalement déstabilisés dès que la présidente leur indique qu'elle les écoute : « Euh, bah, je sais pas quoi vous dire, moi… », « Je me souviens plus », « Je n'ai rien à déclarer », « J'ai tout dit aux gendarmes, demandez-leur à eux », disent les uns quand d'autres ne s'arrêtent plus de parler, en particulier d'eux-mêmes.

Il faut savoir que la déposition ne revêt en aucun cas la forme d'un interrogatoire de type policier : il s'agit d'un simple exposé des faits dont ils ont été les témoins. Mais inéluctablement, il arrive un moment où la présidente intervient pour recadrer les propos digressifs à des fins de synthèse et de précision.

Les témoins sont informés du jour et de l'heure à laquelle ils seront convoqués, ils ne peuvent accéder aux débats qui précèdent leurs dépositions et doivent patienter dans une pièce réservée, adjacente à la salle d'audience. Après leur déposition, ils peuvent rester dans la salle pour suivre les débats, comme tout citoyen. Dans l'hypothèse où le témoin serait absent à la barre, le président ou la présidente peut prendre l'initiative de procéder à la lecture de son audition. Le conseil des parties peut également le demander s'il l'estime utile.

Lorsque j'assure la défense d'une accusée, cette dernière se trouve rarement en liberté et comparaît détenue. Des exceptions existent toutefois, comme certaines de mes clientes les plus médiatisées : Jacqueline Sauvage, lors de son premier procès (je n'étais pas encore son avocate), Alexandra Lange et Valérie Bacot, ont toutes les trois comparu libres.

Pour des raisons évidentes, tant humaines que stratégiques, un avocat préférera toujours voir son client arriver libre et entouré de sa famille à l'audience plutôt que les menottes au poignet à la descente d'un fourgon cellulaire, entouré par deux gendarmes. L'impression que ces deux entrées provoquent chez les jurés peut varier du tout au tout, mais comme en de nombreux autres lieux, cette première impression est souvent déterminante.

À la cour d'assises, la présence constante de l'accusé(e) est obligatoire, or, quand un être humain en voit un autre dans une cage de verre incassable, cerné par une escorte armée d'hommes en noir, tel un fauve de cirque enchaîné aussitôt le numéro terminé, une bête dangereuse pour le public donc pour la société, la plupart du temps, son inconscient lui souffle qu'il faut maintenir la bête dans sa cage blindée, loin de cette société.

Le procès d'assises débute toujours par la lecture de l'ordonnance de mise en accusation. Valérie a été renvoyée devant la cour d'assises pour avoir « avec préméditation, volontairement, donné la mort à son mari ». La cour ne pourra connaître aucune autre accusation que celle qui a déterminé la décision de mise en accusation. La présidente conduit l'instruction, établit un plan des débats qu'elle dirige et qu'elle a orchestré de manière à ce que la discussion contradictoire fonctionne et que l'articulation des différentes étapes du procès pénal mène à la découverte de la vérité.

Après cette lecture de l'ordonnance de mise en accusation, ma cliente est interrogée par la présidente. Toutes les questions posées par cette dernière sont celles qui lui paraissent le plus utiles à la manifestation de la vérité. Parfois, certains présidents font précéder les dépositions des témoins à l'interrogatoire de l'accusé.

Le principe théorique est que la présidente ou le président d'une cour d'assises doit adopter une position neutre, en aucun cas il ne peut manifester son opinion sur la culpabilité de l'accusé – ce qui n'est bien évidemment pas respecté dans de nombreuses affaires. Ainsi, la présidente ou le président ne doit jamais traiter un accusé comme un coupable. Mais selon sa façon de mener les débats, il n'est pas rare de savoir quelle est son intime conviction dès les premières séries de questions.

Ces questions sont très éprouvantes. La dissection d'une vie entière devant un public, sans omettre rien de sa sexualité, de ses problèmes les plus inavouables, face à des juges qui décideront de son sort, et donc de son avenir et de sa liberté, ne se fait pas sans creuser des plaies ouvertes, parfois impossibles à cicatriser pour l'accusé, quelle que soit l'issue du procès.

Aujourd'hui, l'interrogatoire est particulièrement difficile. Les réponses de l'accusée sont déterminantes : toute contradiction, hésitation, approximation ou autre mensonge pendant la procédure ou à la barre sera mis en avant, chaque faux pas sera exploité en sa défaveur et pourra lui nuire gravement à l'heure du verdict. Le ton qu'elle emploie est rarement juste, cela sonne parfois faux, et les visages de certains jurés et de l'avocat général me donnent raison.

Pour le moment, je ne suis pas satisfaite. Même si cela peut se comprendre aisément, Valérie ne parvient pas à se montrer sous son meilleur jour. Peu d'accusés sont à l'aise dans l'exercice. Et bien souvent, ceux qui sont capables de prestations dignes d'une place de sociétaire à la Comédie-Française sont les « professionnels » du crime, comme j'ai pu en croiser au cours de mes premières assises à la fin des années 1980 dans le milieu dit du « grand banditisme », aux antipodes de ma clientèle actuelle.

Moi qui connais le dossier sur le bout des doigts, je suis déçue que ma cliente oublie des éléments, « surjoue », pleure en parlant ou s'exprime trop rapidement, elle refuse ou omet de dire des choses importantes à la bonne compréhension du dossier ou de sa personnalité. Il lui arrive même de garder le silence devant quelques questions. Face à une accusée de crime de sang, la cour et les jurés ne pardonnent les égarements émotionnels qu'avec une grande parcimonie. Or, sur certains faits, ma cliente est confuse. Sa voix tremble, elle suffoque, son malaise est autant physique que psychologique.

Contrairement à d'autres avocats, je conseille toujours à une cliente de dire la vérité, davantage pour des raisons pratiques que morales, pour ne rien vous cacher. En premier lieu, cela lui évitera de s'emmêler l'esprit. Car, pour mentir efficacement devant une cour d'assises, il faut une mémoire d'éléphant et un sang-froid à toute épreuve – qualités dont mes clientes, victimes au corps et à l'âme meurtris avant d'être coupables d'avoir pris la vie des bourreaux qui menaçaient la leur, accusées de n'avoir plus consenti à demeurer victimes, sont généralement dépourvues.

Dire la vérité, par-delà la nécessité d'avoir un discours cohérent et de ne jamais se contredire au cours de l'audience, permet à l'accusée de se montrer authentique, ce qui suscite une impression positive chez les jurés. Mais à ce stade des débats, les convictions ne sont pas encore forgées, la première manche ne se gagne pas le premier jour. À la cour d'assises, chaque journée est une bataille qui ne présage en rien l'issue finale de la « guerre ».

Je tâche de me raisonner : au cours de cette semaine, je vais éprouver un stress important, qui s'accumulera avant mes prises de parole, sans même évoquer mon état de tourmente juste avant de plaider… Lors de mes premières assises, j'avais même souvent la nausée ! Alors comment puis-je décemment reprocher à cette femme qui a passé plus de deux décennies à se taire en souffrant le martyr, qui a appris à cesser de penser par elle-même, qui a eu l'interdiction d'exprimer ses envies, ses opinions, de choisir quoi que ce soit dans sa vie d'esclave outragée, opprimée par son tortionnaire à tous les instants de son existence fracassée, comment puis-je décemment lui reprocher de ne pas s'exprimer avec aisance ?

Oui, je suis déçue par cet interrogatoire, mais il serait grand temps que j'arrête d'être aussi exigeante avec les autres que je le suis avec moi-même. J'avais le sentiment que ma cliente était prête, j'ai passé de nombreuses heures à répéter le procès avec elle, pendant des mois et des mois, à répéter inlassablement toutes les questions qui pourraient être posées, et toutes les réponses qu'elle a déjà données au cours de ses différents interrogatoires. Et malgré cette préparation rigoureuse, Valérie, comme d'autres de mes clientes qui me donnaient cette même impression d'être prêtes, se révèle imprévisible. Je pense à cette femme, à qui j'avais pourtant précisé à maintes reprises que dans une cour d'assises la sobriété est de rigueur, et qui était arrivée à l'audience avec un haut pailleté rose bonbon très décolleté, comme si elle s'apprêtait à se rendre en boîte de nuit.

Après ces longs moments terriblement douloureux, beaucoup de clientes sont effondrées de n'avoir pas su dire, de n'avoir pas pu, elles savent qu'elles ont été maladroites ou incohérentes dans leurs propos, ou alors qu'elles n'ont pas toujours compris le sens des questions qui leur étaient adressées.

À cet instant, ma cliente a du mal à se contenir à l'évocation de certains faits. Elle pleure beaucoup, tremble tout autant, son discours est inaudible, je ne peux que compatir et comprendre sa souffrance, je suis bouleversée qu'elle ne parvienne pas à mettre les mots sur ses maux. Mais je n'oublie pas que rien n'est encore joué. Rien. Je le sais.

C'est alors à l'avocat d'assurer la défense, c'est à lui de reprendre les rênes pour rétablir toute la véracité des faits en menant son interrogatoire. Mais la présidente décide de suspendre l'audience pour une heure, le temps du déjeuner. Je suis un peu tendue. C'est toujours frustrant de ne pas pouvoir rebondir rapidement. Cela aurait permis aux jurés de ne pas rester sur cette image négative et la ruminer collectivement pendant le repas.

Lorsque je suis aux assises, je déjeune toujours rapidement et légèrement. Dans ce contexte, je n'ai ni vraiment soif ni vraiment faim, ni chaud ni froid, je suis comme recluse dans une bulle hors de tout espace-temps, comme coupée du monde. Je ne téléphone jamais à mon cabinet et laisse mes collaboratrices s'occuper du suivi du quotidien et des urgences.

Mon emploi du temps est géré par priorité, et cette semaine, ma priorité absolue est ma cliente, qui risque la plus lourde des condamnations. Je me dois donc de faire tout mon possible pour lui éviter une peine qu'elle ne mérite pas : en l'espèce, la perpétuité, selon les textes du Code pénal.

Je reviens dans la salle, qui est déjà comble, entre les journalistes français et européens, le comité de soutien, les proches et les curieux, il n'y a plus une place de libre depuis longtemps. Heureusement, une salle de presse a été aménagée, avec un écran géant pour suivre le procès en direct.

Lors de la reprise de l'audience, l'avocat général interroge ma cliente, et il sera tout sauf tendre à son égard. Son ton est dur, tranchant, Valérie est désemparée, chacune de ses réponses est systématiquement contredite par le parquet, elle ne sait plus comment répondre. Intérieurement, je bous de rage.

« Pourquoi ne pas avoir poussé la porte d'un commissariat ? »

« Je vous repose la question, pourquoi ne pas avoir été voir les forces de l'ordre pour leur faire part de votre situation, ils sont là pour ça ! Vous le savez, non ? »

« Pourquoi ne pas avoir porté plainte ? »

« Je ne peux pas croire que vous n'ayez pas réagi durant toutes ces années, voyons ? »

L'accusée va oser lui répondre : « Vous ne comprenez rien, de vous faire menacer par une arme, vous ne savez pas ce que c'est que de vivre tous les jours sous la peur. » Et elle a bien raison… Ces questions stupides rabâchées comme un vieux disque rayé ont le don de m'énerver au plus haut point !

Manifestement, et pour ne pas changer, le parquet, qui représente la société et dont le devoir est de la protéger, n'a toujours pas compris que ces femmes victimes de violences ne peuvent même pas s'échapper quelques heures de leur foyer, et surtout elles n'osent quasiment jamais déposer plainte tant elles en redoutent les conséquences. D'ailleurs, elles sont bien souvent dans l'incapacité physique, psychologique et financière de le faire.

Et quand bien même elles iraient déposer plainte, que se passera-t-il en sortant du commissariat ou de la gendarmerie ? Le conjoint sera convoqué, il fera vingt-quatre heures de garde à vue, au maximum. Et dans la grande majorité des cas, il retournera tranquillement au domicile conjugal, sans être vraiment inquiété.

Voilà la réalité brute, concrète, contraire à celle qui est fréquemment reprise par quelques médias qui relaient complaisamment une certaine propagande gouvernementale à ce sujet.

La réalité, c'est qu'il n'y aura malheureusement aucune prise en charge de ces femmes et de ces enfants de la part des autorités. Une fois leur plainte déposée, elles seront de nouveau seules, encore plus vulnérables qu'avant. C'est pour ces raisons que les femmes victimes de violences ne portent pas, ou si rarement, plainte contre leur conjoint : par peur de mourir. Une plainte seule n'est qu'un morceau de papier, et aucun morceau de papier n'a jamais protégé personne des coups de poing, de couteau ou de fusil.

L'avocat général insiste, se répète, tourne en rond, il continue sur le même ton insupportable, s'acharne encore et encore comme il le fera le lendemain, et ce, malgré les horreurs mises en lumière par le dossier – ces horreurs qui ont existé dans le sordide huis clos familial, sans que personne s'en soit jamais soucié.

Vraisemblablement, et au terme d'un interrogatoire incisif, pour ne pas dire odieux, ma cliente est à bout. Encore un ignorant, me dis-je. Un magistrat qui n'a suivi aucune formation concernant les violences conjugales et qui pourtant représente les intérêts de la société dans ce procès. Mais dans quel pays vit-on ? Et dire que dans certains pays voisins il existe des tribunaux spéciaux pour juger de ce type d'affaires, avec des magistrats spécialistes soigneusement formés, hautement qualifiés sur ces problématiques.

Je suis très inquiète. Pourra-t-il dans ces conditions avoir une vision globale du dossier ? Aura-t-il l'intelligence situationnelle requise et l'empathie nécessaire pour comprendre le comportement de la victime ? Je ne me priverai pas, du reste, de lui dire en aparté ce que j'ai pensé de ses questions à ma cliente, à mon sens bien trop réductrices pour un cas si complexe. Il me répondra froidement qu'il est dans son rôle, celui de la recherche de la vérité. Sur le principe, il a raison, je veux bien l'entendre. Mais comment pourrait-il la trouver, la vérité, s'il ne le fait avec discernement et sans avoir reçu la moindre formation sur le sujet qui est au cœur même de ce procès ?

L'audience se poursuit. Tel un match de tennis, il faut être présent à chaque seconde, les sens en éveil pour ne rien rater du jeu de son adversaire. Un avocat se doit d'être extrêmement vigilant, concentré et réactif durant les débats.

Je fais partie de celles qui ne peuvent sortir de la salle comme certaines ou certains de mes confrères le font avec beaucoup de décontraction, le téléphone à la main ou collé à l'oreille. Pour ma part, je suis pleinement présente, rien ne doit m'échapper, je ne veux rien laisser au hasard, les enjeux sont bien trop importants.

Cette vigilance est fondamentale pour être pertinente lors des interventions, pour éventuellement rebondir aux propos formulés, et contre-attaquer au moment opportun.

Le scénario qui se déroule devant une cour d'assises est digne d'un film noir. Chaque dossier recèle sa part de tragédie grecque et de polar. Tous les ingrédients y sont: l'amour, la mort, la jalousie, la trahison, l'inceste, l'infidélité, la violence, la haine, la compassion, le mal, mais aussi l'amour sacrificiel d'une mère pour ses enfants. Il y a des acteurs, plus ou moins bons, des figurants, un public, des personnages qu'on croyait principaux qui perdent leur place, et des personnages secondaires qui deviennent les plus importants de cette comédie humaine.

Après une reprise d'audience, la présidente, très rigoureuse, qui tient parfaitement les tranches horaires de passage et qui maîtrise son dossier, met l'accusée en face de ses contradictions. Je tiens ici à préciser que ce n'est pas le cas de tous les présidents ou présidentes d'assises que j'ai pu voir à l'œuvre. Or la bonne conduite des débats est essentielle à la compréhension du dossier par les jurés. Mais il n'y a pas de règles immuables, être président d'une cour d'assises n'induit pas d'être neutre, de ne jamais manquer d'objectivité ou encore de faire preuve d'indulgence.

Certaines présidentes ou présidents m'ont marquée par leur personnalité, bienveillante, à l'écoute, minutieuse dans la tenue des débats, impliquée, ou encore autoritaire, désagréable, nonchalante, dépassée et bâclant les interventions. J'ai le souvenir de l'un d'entre eux, grisonnant, le teint pâle, manifestement très fatigué, et qui suspendait l'audience toutes les demi-heures, une nécessité due à son grand âge et sa maladie – ce qu'il ne manqua pas de nous préciser d'un ton agonisant dans son bureau alors que nous allions le solliciter pour un problème technique de procédure : « À part la mort, rien n'est important. » Ce dont chacun d'entre nous avait conscience, chose que je n'ai pas manqué de lui rappeler, le mettant ainsi dans une colère noire irrationnelle ! J'attends toujours la réponse à ma question, qui manifestement l'intéressait fort peu, tout comme ma cliente, qui s'était portée partie civile après une tentative d'assassinat par son mari qui, de plus, l'avait violée.

Je pense aussi à cette présidente qui ressemblait à un oiseau – une autruche –, avec son long cou de girafe, ses cheveux courts noir corbeau, et qui se complaisait à faire de grands sourires à son amant, lequel, tous les après-midi à la même heure, dans son costume noir en velours agrémenté d'une écharpe jaune en cachemire et d'un chapeau en feutre marron, prenait place dans la salle en lui lançant des regards amoureux – ou lubriques, qui sait ? –, claironnant auprès de ceux qui voulaient bien l'écouter, en particulier aux journalistes présents, qu'elle était sa compagne. Peut-être est-ce en raison de sa présence que cette présidente à la voix suave n'hésitait pas à poser des questions extrêmement intimes à ma cliente, accusée d'avoir tué son mari, sur les violences sexuelles subies, sollicitant de plus en plus de détails sur leurs pratiques sexuelles et les dessous chics ou moins chics que son mari lui achetait.

Ou cette autre présidente qui, dès le matin, faisait une leçon de morale aux avocats qu'elle convoquait dans son bureau parce qu'elle avait lu tel ou tel article dans le journal local qui ne lui convenait pas ! En surveillante générale, elle nous sermonnait afin que nous n'accordions plus d'interview avant de nous autoriser à retourner en cours, ou plutôt à l'audience.

Et cette autre encore qui, dès l'ouverture du procès, s'était empressée de préciser avec autorité qu'il fallait aller vite et tenir le calendrier, car elle devait partir le vendredi en week-end et ne siégerait pas un jour de plus !

Enfin celle qui s'extasiait avec une de ses collègues sur ma bavette « porte-bonheur », rapportée de Montréal, où je m'étais rendue pour intervenir dans un colloque. Je précise que la robe de l'avocat est noire, composée d'un rabat blanc ou bavette plissée, et d'une épitoge. La bavette est portée sur la robe de l'avocat, lequel est d'ailleurs surnommé « le baveux » en raison de son pouvoir qui consiste à utiliser la parole pour défendre ses client(e)s. Cete bavette, qui se distingue du modèle français, a manifestement détendu l'atmosphère avant le début de l'audience alors qu'en le mettant je pensais me faire tancer puisqu'il n'était pas conforme aux usages de mon ordre. Cette entrée en matière a eu le mérite de nous faire sourire, avant d'aborder une histoire tragique de viols sur concubines.

Et puis il y a une multitude de présidents dont je me souviens à peine tant ils ont été transparents lors de l'audience ou tant ils s'en préoccupaient peu.

Je rappelle ici que les jurés n'ont pas accès aux pièces du dossier et qu'ils vont découvrir au fil de l'audience l'histoire qui nous occupe, ce qui oblige le président à mener les débats oralement, à présenter les éléments à charge mais aussi à décharge avec les plus grandes exhaustivité et neutralité possible !

L'audience se termine, il est 20 heures, je regagne mon refuge, dîne rapidement au restaurant de l'hôtel et remonte sitôt mon repas terminé. Je me sens bien dans cette chambre, j'y retrouve mes affaires et suis le même rituel : douche, pyjama, peignoir et chaussons blancs, préparation des dossiers pour le lendemain. Je relis encore certains procès-verbaux, notamment ceux concernant les témoins qui seront appelés à la barre demain.

Avant de m'endormir, je regarde sur mon smartphone une chaîne d'infos puis zappe sur un reportage consacré à la vie de femmes en milieu carcéral. Il n'y a pas de hasard. Ce reportage, très émouvant, met en lumière les doutes et le désespoir de ces femmes qui ont du mal à trouver leur place.

Mais lorsqu'un metteur en scène va leur faire confiance pour jouer une de ses pièces au théâtre, qu'il va les impliquer, les bousculer parfois, elles ne se découragent pas et vont au bout de leur rôle, qu'elles tiennent merveilleusement bien, malgré toutes les difficultés rencontrées jusqu'au dernier jour.

Un documentaire qui donne de l'espoir à toutes ces femmes, qui doivent prendre conscience qu'elles sont capables de faire ce qu'elles n'auraient pas imaginé, qu'elles sont capables d'un autre avenir.

C'est après avoir partagé quelques moments de la vie de ces femmes en détention que je peux enfin m'endormir.

Mardi 22 juin

Deuxième jour de procès

Il est 7 heures, le réveil sonne, mais je suis déjà réveillée depuis un moment.

Cinq minutes plus tard, devant la porte de ma chambre, le plateau de mon petit déjeuner est déposé.

Après m'être maquillée légèrement, vêtue d'un tailleur-pantalon noir, d'un haut noir col V en soie et d'escarpins, je suis prête à affronter les journalistes. Ces derniers ne manquent pas de me demander mon ressenti sur la journée d'hier et les noms des personnes qui seront appelées à la barre ce jour.

Je leur réponds brièvement, car c'est toujours avec beaucoup de réserve que je m'adonne à cet exercice. Il faut parler vite, être efficace, malgré le bruit de la rue en fond sonore. Ce ne sont pas les meilleures conditions. J'essaie d'être percutante, un seul message doit passer: une femme ne tue pas son mari si elle n'a pas subi des violences.

J'arrive enfin dans la salle d'audience et m'installe après avoir salué ma cliente, qui est auprès de sa famille. J'enfile ma robe d'avocat lentement, un moyen de me recentrer et de passer dans un autre univers. Dorénavant, je ne suis plus la femme, mais je deviens la femme avocate, qui défend une accusée, laquelle est à mes yeux avant tout une victime.

Aujourd'hui les témoins cités par le parquet sont les enfants de l'accusée.

Dans la plupart des affaires d'assises que j'ai connues, les enfants sont ralliés à la cause de leur mère. Il en va de même dans ce dossier.

J'ai tellement d'exemples de difficultés que rencontrent certaines de mes clientes dans les relations parents-enfants, que je ne peux qu'être étonnée et admirative devant leurs témoignages remplis de tendresse et d'amour envers leur mère. Ils la défendent avec sincérité.

Ils sont profondément attachants et insistent sur le fait qu'ils ne lui en ont jamais voulu. Les deux fils aînés ont d'ailleurs été condamnés pour recel de cadavre par la juridiction des mineurs pour avoir aidé leur mère à enterrer le corps de leur géniteur la nuit du drame.

S'ils ont gardé le silence pendant des mois avant que leur mère soit arrêtée, c'est dans l'unique intention de la protéger.

Je ne suis pas la seule à m'en émouvoir, la présidente ne pourra s'empêcher de les féliciter pour leur résilience, en expliquant à chacun ce que ce mot signifie. La fille raconte ses rapports avec un père malsain et affirme que sa mère a agi pour les protéger. Aucun enfant n'en veut à sa mère de l'avoir protégé avant de se protéger elle-même.

Je n'ai pas encore rencontré dans ce type d'affaires des enfants qui ont tourné le dos à leur mère, et même si certains ont du mal à accepter le meurtre du père dans un premier temps, très vite ils pardonnent et ne se portent que rarement, voire jamais, partie civile.

Comment ces enfants peuvent-ils être aussi compréhensifs ? Aussi soudés entre eux ? Chacun a un emploi, une vie amoureuse, recherche une vie stable alors qu'ils ont toujours vécu dans un climat de violences exacerbé, de solitude, de contrôle, de non-dits.

En revanche, mes clientes qui ont tué leur mari se le reprochent, culpabilisent : « J'ai fait exploser la famille », oubliant qu'elles étaient insultées, humiliées, frappées, et craignaient chaque jour pour leur existence et l'intégrité physique de leurs enfants.

La déposition des enfants majeurs est très importante dans ce type de dossier, car ils ont été les plus exposés dans la vie du couple et peuvent témoigner du comportement des parents avec eux, entre eux, et des sévices subis par leur mère.

Bien évidemment, quand il y a violence envers la mère, il y a violence envers les enfants. Et un père violent est rarement un bon père, contrairement à ce que pensent des magistrats qui continuent à leur attribuer un droit de visite et d'hébergement, au nom du sacro-saint respect de la coparentalité – et ce, malgré mes mises en garde, à chacune de mes plaidoiries. Ces enfants sont des victimes directes qui devraient être protégées et éloignées de ce climat de violence.

Qui plus est, ce père dominant, contrôlant, menaçant, risque de s'approprier la vie de ses enfants en leur faisant endurer toutes sortes de maltraitances, y compris des agressions sexuelles.

Mais dans une cour d'assises, l'intime n'est plus tenu secret, c'est la parole qui prévaut. Enfin.

C'est pourquoi l'audition des enfants est toujours émouvante, ils ont attendu tellement d'années avant de parler que, même s'ils sont encore effrayés en se remémorant le passé, les mots affluent, les larmes aussi, et ils ne laissent aucun doute sur la véracité de leurs propos. Ces dépositions ont été cruciales pour ma cliente.

L'après-midi, les experts sont appelés à la barre pour détailler leur rapport et revenir sur les passages les plus techniques.

Dans toutes les affaires devant la cour d'assises, leur présence est indispensable pour une meilleure compréhension des faits. Il arrive malheureusement que certains ne se déplacent pas, ce qui est préjudiciable.

Le médecin légiste est un jeune trentenaire, cheveux courts, lunettes, en jean et baskets. Il va expliquer ne pas avoir constaté de fractures sur le corps, mais un impact de balle dans la nuque ainsi qu'un projectile dans la boîte crânienne, qui ont permis d'évaluer la date du décès.

Son témoignage est déterminant pour attester des dires de l'accusée et savoir avec précision s'ils sont conformes ou non à la réalité de la scène de crime.

L'expert balistique est un homme de taille moyenne, cheveux courts, l'allure sportive, la cinquantaine, chemisette blanche, jean bleu. Le plus souvent, il est désigné par la cour dans les affaires de meurtres commis avec une arme à feu.

J'ai déjà eu l'occasion de le rencontrer, il est intervenu dans plusieurs de mes affaires, notamment celle de Jacqueline Sauvage. Il doit confirmer ou non si les déclarations de l'accusée sont cohérentes avec les résultats qu'il a obtenus.

Le major de la gendarmerie arrive en uniforme, petites lunettes, cheveux courts poivre et sel, de taille moyenne, une voix monocorde qui m'endort.

C'est lui qui a été chargé de procéder aux constatations sur le véhicule dans lequel s'est déroulé le crime, qui y a décelé les traces de sang, et doit confirmer ou non la déposition de l'accusée.

Les experts sont interrogés par la présidente, l'avocat général et les conseils des parties. Ensuite, la présidente s'adresse à l'accusée et la questionne sur les contradictions qui émergent de ses déclarations, tant auprès des services de gendarmerie que devant le juge d'instruction.

L'avocat général s'étonne à plusieurs reprises – pour ne pas dire à chacune de ses questions – du fait qu'elle ne soit pas allée porter plainte, qu'elle n'ait jamais parlé des violences qu'elle subissait depuis toutes ces années.

On en revient au même point que la veille, et c'est toujours la même chose : les magistrats sont insuffisamment formés à ces problématiques très spécifiques de violences conjugales et ne peuvent dès lors comprendre le comportement de ces femmes dans ce contexte si particulier. Elles sont paralysées par la terreur que leur inspire leur bourreau et ne peuvent partir. Si l'avocat général avait reçu la formation adéquate, il connaîtrait les mécanismes en jeu et ne pourrait poser de telles questions, hors de propos dans ces situations.

J'ai le sentiment qu'après une décennie à répéter les mêmes mots, à expliquer les notions d'emprise, de stress post-traumatique, je me heurte encore à une incompréhension totale.

Enfin, c'est à mon tour.

J'ai posé des questions dont je connaissais les réponses – c'est toujours mieux, même si certains confrères ou consœurs ignorent cette précaution sans en mesurer le danger – qui peuvent la montrer sous son meilleur jour. En me lançant sans filet, je risquerais de nuire aux intérêts de l'accusée et d'apporter de l'eau au moulin du parquet.

Mes questions portent sur ses enfants : parler d'eux la révèle telle qu'elle est vraiment, à savoir douce, protectrice et sincère.

Sur les dames âgées dont elle s'occupait dans l'Ehpad où elle travaillait et où sa gentillesse, son dévouement et sa fidélité la caractérisaient. Ces femmes l'ont visitée en prison, et elle est toujours en relation avec elles.

J'espère ainsi que les jurés verront ce qu'elle n'est pas seulement une meurtrière.

Pour que cet interrogatoire soit fructueux, ma connaissance parfaite du dossier et du vécu de ma cliente est primordiale. Repérer les failles de l'instruction, mais aussi les points positifs, pour en tirer avantage, c'est précisément le travail d'un avocat pénaliste.

L'audience se termine à 19 heures sur une note plus optimiste que la veille, ma cliente s'est montrée plus douce et émouvante que jamais.

Il est tôt… plus qu'à l'accoutumée. Dès ma sortie de la salle, un journaliste m'interpelle pour me proposer une interview en direct pour le journal de 20 heures. Ce que j'accepte. Ma mission est d'alerter sur toutes ces violences qui se déroulent dans les huis clos familiaux afin que le message puisse être entendu dans tous les foyers : parler, aider, accompagner et dénoncer.

L'interview se déroule au fond du bar de l'hôtel en visio-conférence, ce qui n'est pas le cadre le plus approprié. Et quelle ne fut pas ma surprise de voir débarquer le cuisinier à la moustache noire, petit et trapu avec son ventre arrondi, sa toque blanche sur la tête – il me fait immédiatement penser à celui du dessin animé *Ratatouille* –, avec ses commis. Ils sont face à moi et m'écoutent attentivement, tout sourires. Ils ne savent probablement pas que j'interviens dans une affaire de meurtre, mais la caméra leur a suffi à me juger digne d'une invitation à partager avec eux le petit déjeuner avant mon départ de l'hôtel. Et lors du rapide dîner qui suit, ils sont aux petits soins.

Il est minuit, je me couche.

Mercredi 23 juin

Troisième jour de procès

Je me lève et vois à travers les fenêtres une belle lumière. Le soleil est de retour ! Je vais pouvoir dissimuler mes cernes derrière mes lunettes de soleil.

Aujourd'hui, la mère de ma cliente , Joëlle Aubague, est la première à être entendue.

Une soixantaine d'années, petite, peu sympathique, sans une once d'empathie. Elle ne se remettra jamais en question et ne ressentira aucune compassion envers sa fille, qui n'aura jamais les réponses qu'elle espérait. Cette femme a accepté que son compagnon qui avait violé sa fille mineure réintègre le domicile conjugal. Et il recommencera, sa fille tombera enceinte et sera chassée du foyer par sa mère. Elles ne s'étaient plus jamais revues depuis cette époque.

Dans tous mes dossiers d'assises, les mères des accusées ont toujours peu d'indulgence envers leur fille, elles ne sont pas proches, bien au contraire. Quant à mes clientes, elles n'ont jamais trouvé en leur mère une alliée, mais à l'inverse une rivale, avec laquelle les rapports se sont peu à peu distendus. Leur enfance a été marquée par le comportement de leur mère : souvent indifférente, exigeante, maltraitante, jalouse, ne les ayant jamais protégées de leur entourage.

Une fois encore, cette mère n'est pas là pour aider sa fille et parle davantage d'elle-même. Elle pousse jusqu'à affirmer que ma cliente aurait pu trouver d'autres solutions que tuer… Un comble !

À aucun moment, elle ne prend le moindre recul sur son attitude ou la virulence de ses propos. Pas un regard, pas un mot tendre, mais un agacement manifeste de devoir perdre son temps ici. Elle aurait été mieux à faire son marché.

Lorsqu'un tel drame se produit dans une famille, les rapports entre frères et sœurs s'avèrent également complexes.

Aujourd'hui, l'indifférence du frère de ma cliente est incompréhensible, d'autant que celui-ci s'était investi auprès d'elle durant sa détention, il m'avait contactée et nous nous étions rencontrés. Alors que s'est-il passé ?

Il arrive fréquemment que les frères ou sœurs tournent le dos à l'accusée, ne voulant pas perturber leur propre famille. Le poids des évènements est trop lourd à porter, et cela peut s'entendre. Mais j'ai côtoyé des fratries soudées, qui ont visité leur sœur durant la détention, l'ont aidée financièrement pour qu'elle puisse « cantiner », lui ont apporté des vêtements propres, ont pris en charge les frais d'avocat. Ils étaient présents lors du procès, se montrant des soutiens inconditionnels.

C'est désormais au tour de la famille de la victime, Daniel Polette, d'entrer en scène.

Son frère approche de la soixantaine. C'est un homme au physique agréable, vêtu convenablement. Ce dernier, tout comme ses sœurs, ne se constituera pas partie civile, ce qu'il justifie par le fait qu'il a lui-même été victime. D'autres n'hésitent pas à le faire, alors qu'ils n'avaient parfois plus aucun contact avec la victime depuis de nombreuses années.

Tout comme dans les affaires de succession, les véritables personnalités se révèlent. Pour essayer de gagner un peu d'argent, il n'y a pas de limites à l'indécence.

Ce témoignage de la famille de la victime est pour le moins inattendu : il est totalement à décharge pour l'accusée. Le frère prend sans hésiter son parti, car il considère qu'elle est victime de cet homme. Il confie avoir lui-même subi, ainsi que sa fratrie et ses parents, le comportement ignoble de ce bourreau-victime. C'est un récit poignant qu'il nous livre, parfois en pleurs, avouant « avoir toujours peur de lui ». Lui reviennent en tête des moments effrayants : une fourchette plantée dans sa main après qu'il a refusé de laver sa voiture. Ou cette fois où il a dû sortir pieds nus dans la neige dans le but de tomber malade et ainsi d'éviter les coups. Il exprime sa haine pour son frère avec une colère non dissimulée : « un monstre, un détraqué », « un violeur » prêt à tuer.

Ses frères et sœurs aussi redoutaient ses réactions, connaissant le danger qu'il représentait et la terreur qu'il leur inspirait, comme lorsqu'il prenait un fusil ou un revolver en proférant des menaces. Il qualifie le foyer dans lequel il a grandi comme « la maison du diable ».

Les questions qui seront adressées à la fratrie mettront en évidence le silence dans lequel ils s'étaient murés et permettront de mieux comprendre à quel point il est compliqué de dévoiler cet enfer à un tiers, même si leur bourreau était de plus en plus insupportable et destructeur.

La peur les a empêchés durant des décennies de parler. Et cette semaine, c'est dans la souffrance qu'ils s'exprimeront et se libèreront enfin de ce poids.

Jeudi 24 juin

Quatrième jour de procès

Ce jour, nous entendrons les ex-épouses ou compagnes. Ces citations ont été déterminantes dans la grande majorité des affaires que j'ai traitées.

Les trois femmes qui se succèdent à la barre confirment que la victime a toujours agi selon le même mode opératoire : les cris, les humiliations, les coups, les menaces avec armes, l'alcool, les infidélités, les dérives sexuelles, les violences excessives à leur encontre ainsi qu'à l'encontre de leurs enfants. L'une d'entre elles se souvient de l'épisode lors duquel son compagnon a saisi sa tête et l'a cognée contre le tableau de bord de la voiture alors qu'il conduisait.

Toutes confirment qu'elles se laissaient faire de peur que les menaces de mort soient mises à exécution. La terreur les empêchait de vivre, mais surtout de parler ou de dénoncer. Elles sont marquées à jamais et incapables de reconstruire une vie de couple tant elles ne parviennent plus à accorder leur confiance. Leur relation avec ce monstre les a traumatisées. Pour elles, « il ne méritait pas de vivre ». Une ex-compagne tremble encore en se replongeant dans cette période sombre: « C'était l'enfer. » Ces témoignages sont décisifs, ils confortent les dires de ma cliente.

Les deux sœurs de la victime tuée par ma cliente s'avancent à leur tour à la barre.

Elles relatent des violences de tous types: humiliations, dénigrements, vexations, menaces, coups, gifles, étranglements, viols. Leur colère transperce leurs regards à l'évocation de « cet être ignoble ».

L'une d'entre elles, à la voix nasillarde et à la personnalité exubérante, fait un véritable show, invectivant l'avocat général à qui elle reproche le manque de moyens mis à la disposition de toutes ces femmes. Car elle affirme haut et fort qu'il est impossible pour une femme maltraitée de fuir son domicile pour aller porter plainte sans aucune certitude sur le traitement qui lui sera réservé. « La justice c'est de la merde », ajoute-t-elle.

L'autre sœur, très fragile mentalement, ayant tenté à plusieurs reprises de se suicider, raconte les viols qu'il lui a imposés entre ses douze et quinze ans: « C'est trop facile de profiter d'un corps de douze ans », dit-elle en sanglotant. « Mon plus grand regret, c'est de ne pas l'avoir tué. Pour moi, c'était un bourreau. » La présidente l'autorisera à rester assise durant son témoignage, tant elle est affaiblie par ces années de violences. Elle non plus n'aura pas été aidée par la société qui, après qu'elle a eu le courage de dénoncer son bourreau, l'a confiée à un foyer, puis remise à sa famille. Décision qu'elle refusera de peur d'être à nouveau violée par son frère. Elle préfèrera se retrouver à la rue, où la société la laissera démunie et sans recours.

Les souvenirs de leur enfance sont marqués par les maltraitances qu'ils ont subies, les coups qu'il a infligés à leurs parents, les gouttes de sang sur les murs qu'elles devaient nettoyer à sa demande. Je remarque qu'aucun des frères et sœurs ne prononcera le prénom de celui qui est mort, il sera « l'autre » : « il s'est échappé de l'asile », « je veux mourir tellement je souffre », « je la remercie de l'avoir tué ».

La cour ne restera pas insensible à ces cris de désespoir. Tout comme les journalistes à qui elles accorderont par la suite des interviews. C'est l'occasion pour la fratrie de se faire entendre et c'est aussi, en un sens, leur procès.

Dans plusieurs de mes dossiers, les témoins s'épanchent avec facilité, contrairement à ce que l'on pourrait penser, et en profitent pour raconter leur propre histoire, un moyen d'exister enfin et de réparer leurs blessures.

Je me souviens d'un témoin, la voisine d'une de mes clientes, qui avait très peu parlé des rapports, du reste épisodiques, qu'elle entretenait avec cette dernière. En revanche, elle n'avait pas manqué d'être exhaustive sur son mari violent qu'elle n'avait pu quitter qu'après plusieurs années tant elle vivait la peur au ventre.

Cette tribune leur permet enfin d'être entendues et devient pour elles un moment libérateur.

Les experts psychiatrique et psychologique sont appelés à la barre séparément.

Dans tous les dossiers criminels, des experts sont systématiquement désignés pour examiner l'accusée, déceler des anomalies mentales ou psychiatriques éventuelles et préciser à quelle affection elles se rattachent. De même, ils doivent préciser si, au moment des faits, elle était atteinte d'un trouble psychique ou neuropsychique ayant pu altérer ou abolir son discernement – élément clé pour déterminer la culpabilité et le quantum de la peine.

Les rapports que les deux experts ont déposés, et dont j'ai eu connaissance puisqu'ils figurent dans le dossier pénal, sont tous deux présents à l'audience, et c'est une grande chance pour ma cliente, car ils ont abordé des notions spécifiques à la violence intrafamiliale.

De mon point de vue, il est inadmissible dans certains dossiers que les experts ne se déplacent pas. Cela s'est produit lors de l'affaire de Jacqueline Sauvage.

Ils ne prennent pas au sérieux leurs fonctions, probablement parce qu'ils estiment ne pas être suffisamment payés alors même qu'ils ont sollicités leur inscription sur une liste de cour d'appel, en déposant leur demande auprès du procureur de la République dans le ressort duquel ils exercent leur activité professionnelle. Tout candidat justifie de sa qualification dans sa spécialité. Une fois le dossier validé et accepté, son nom sera inscrit sur une liste d'experts, gérée par la cour d'appel correspondante. Mais s'ils étaient dotés d'un minimum de déontologie, ils devraient avoir le courage de se faire rayer de la liste des experts pour ne plus être nommés et laisser la place à ceux dont l'éthique prime sur la rémunération.

Les notions liées à la problématique des violences conjugales doivent être explicitées par les experts qui ont examiné l'accusée. C'est l'unique moyen pour ceux qui n'en sont pas familiers de saisir leur mécanique complexe. Lors de leur déposition et des questions, eux seuls pourront faire ressortir l'emprise totale dans laquelle la cliente se trouvait vis-à-vis de son bourreau.

Dans leurs rapports d'expertise, l'un comme l'autre ont évoqué le syndrome de la femme battue. Concept qui, jusqu'à aujourd'hui, n'avait été utilisé que par des psychiatres canadiens. Ces derniers, après leur étude, avaient conclu qu'une femme battue durant des années ne peut avoir les mêmes réactions que celle qui n'a jamais connu de violences. Lorsqu'une femme subit des injonctions contraires de l'aliénant (l'homme violent) à la suite de messages paradoxaux, elle ne parvient jamais à répondre à ses attentes, et encore moins à avoir des réactions dites « normales ». Par conséquent, selon cette hypothèse, la femme battue doit bénéficier de la plus grande indulgence des tribunaux lors du prononcé de leur peine.

La démonstration est très claire : la parole de l'aliénant coupe l'aliéné de la vérité, du réel, car il décide de tout. Cette femme soumise devient un « objet » entre ses mains, et le persécuteur fait taire la persécutée, qui ne peut plus recourir à la parole pour se défendre. La confusion est permanente, la victime de violences s'isole et se replie sur elle-même, elle manque de détermination et d'énergie pour sortir de cet engrenage. Prise au piège, elle ne peut s'échapper de cette toute-puissance et ne songe même pas à faire appel à un tiers. Pourrait-elle seulement lui faire confiance? Le seul tiers à ses yeux est son bourreau. Une victime enfermée des années vit dans sa bulle mentale, sous le joug de son prédateur. Elle est « dissociée » de la réalité, en « sommeil », et ne sera réveillée que par un évènement traumatique qui provoquera un état de panique tel qu'elle ne pourra plus réfléchir, son seul but sera alors de se sauver de cet enfer en passant à l'acte, ultime recours pour survivre, aucun autre n'étant plus envisageable.

Dans la plupart des meurtres commis dans ce contexte, les experts psychiatres constatent une altération du discernement. Ils confirment aussi que ces femmes étaient dans l'incapacité de déposer plainte, paralysées par la peur.

En écoutant les experts intervenir aujourd'hui, je sais que leurs compétences et la clarté de leurs explications font basculer l'opinion de l'avocat général, qui va enfin cesser sa ritournelle : « Pourquoi ne pas être partie ? » à chaque prise de parole.

L'expert psychiatre invoquera également la notion de stress post-traumatique, qui explique que ces femmes, après avoir tué leur conjoint, attendent encore son retour, terrorisées. Et en effet, mes clientes sont toujours aussi apeurées, font des cauchemars, sont imprégnées de la présence de leur ex-mari, alors qu'il est mort et enterré. Dans leur esprit et leur chair, il est bien vivant et risque de revenir pour les tuer.

Je me suis intéressée de près à toutes ces notions psychiatriques, j'ai beaucoup lu, appris auprès de thérapeutes, de psychiatres, ces excellents formateurs avec lesquels j'ai eu l'honneur de travailler, pour me familiariser avec ces outils.

Aujourd'hui encore je ne cesse d'étudier, de me perfectionner, et me suis inscrite à des cours de psychanalyse. De ces mécanismes complexes, je veux tout comprendre. Je dois pouvoir plonger au cœur de ces familles dysfonctionnelles sans que plus rien puisse m'étonner.

Plaidoirie de l'avocate de la partie civile

L'avocate de la partie civile prend toujours la parole avant que l'avocat général ne s'exprime au nom de la société.

Cette avocate a été mandatée par le conseil départemental qui représente le mineur, autant dire que ce dernier n'a d'autre choix que d'accepter son intervention, même s'il s'avère qu'il n'est absolument pas d'accord avec les propos tenus par son conseil. Celui-ci va rappeler que : « Le crime n'est jamais la solution », et « qu'il ne faut pas légitimer ce geste ». « Tu ne tueras point ton prochain », c'est ce que ce jeune adolescent va entendre ! Ces principes judéo-chrétiens constituent l'essentiel de sa plaidoirie.

Certes, elle fait là son travail, mais lorsqu'on assure la défense des intérêts d'un client, aussi jeune soit-il, n'est-il pas de son devoir de respecter sa parole au lieu d'en faire abstraction ? Car sa parole n'a pas été énoncée. Ce qu'il voulait entendre de sa part me semble pourtant très simple : ce jeune adolescent veut retrouver une vie avec ses frères et sœurs et sa mère, dont il est privé depuis tant d'années, ballotté de foyer en foyer. Heureusement, son frère aîné a pu récemment le recueillir chez lui et en a la responsabilité.

La douleur est grande pour le garçon, qui a peur d'être de nouveau séparé de sa mère alors qu'il passe actuellement tous les week-ends avec elle.

Dans d'autres affaires que j'ai eues à défendre, l'avocat des enfants mineurs s'était montré plus à l'écoute de ses clients et avait fait valoir leur désir de demeurer auprès de leur mère.

C'est sur cette note triste que nous quittons la salle aujourd'hui, face aux pleurs de cet adolescent qui se sent incompris, trahi, impuissant, comme il le confiera à son éducateur à ses côtés lors de l'audience.

Il est 20 heures, l'audience est levée jusqu'au lendemain matin 9 heures.

Lorsque je reviens dans ma chambre, j'ai conscience que la prochaine audience sera déterminante. La veille d'une plaidoirie, c'est comme la veille d'un concours, un grand jour s'annonce. Je sais déjà que je ne dormirai pas ou très peu.

Je m'installe au bureau et synthétise ce qui a été dit durant les quatre jours précédents : ce que j'ai perçu dans les déclarations des témoins, ce que j'ai retenu de ma lecture des procès-verbaux, des expertises, ce que j'ai entendu, compris. Cette étape me permet de structurer et d'organiser la défense de l'accusée le mieux possible. C'est un travail de fourmi, ou d'orfèvre, fastidieux mais indispensable pour moi qui ai le goût du travail bien fait et de l'ouvrage méticuleusement ajusté.

J'ai souvent la sensation d'avoir oublié des points importants, je bloque dans mon argumentation. Bref, je ne me sens jamais suffisamment prête. Mais aurai-je le sentiment de l'être un jour ? Jusqu'au dernier moment, je ne suis pas certaine des mots qui me viendront à l'esprit, ni de l'aisance que j'aurai durant ma plaidoirie. Mais quoi qu'il arrive, j'y serai. Même si j'ai des craintes et des appréhensions, je dois réussir. Je n'ai pas le choix.

J'éteins la lumière sur ces pensées positives.

Vendredi 25 juin

Cinquième jour de procès

Je sursaute en entendant la sonnerie du réveil. J'ai dormi deux ou trois heures, autant dire que je ne suis pas très alerte.

Mais il y a toujours, et fort heureusement, une énergie qui m'anime dans de telles circonstances. Je suis portée par l'adrénaline suscitée par l'enjeu. J'ai une lourde responsabilité, celle de faire le maximum pour que ma cliente soit condamnée à une peine minime.

Je me prépare et m'habille avec soin. Je ne vais pas à une cérémonie, certes – quoique –, mais ma cliente mérite que je lui fasse honneur (ce genre de détails lui échappera sûrement bien qu'il soit essentiel pour moi), tout comme elle m'a fait l'honneur de me choisir pour la défense de ses intérêts.

Car oui, c'est un grand jour, sa vie va prendre un tournant décisif… quel qu'il soit.

Je me dirige vers le tribunal, sereine et fin prête à affronter la dernière journée du combat.

Jusqu'à présent, l'accent a été mis sur les multiples dysfonctionnements qui sont apparus au cours du déroulé de l'audience. Comme dans beaucoup d'autres dossiers de violences conjugales, aucune prise en charge n'est survenue, aussi bien médicale que sociale, des services de gendarmerie ou pénitentiaires, du juge des enfants ou des libertés. Aucune aide non plus des voisins ou de la famille n'a été apportée à ma cliente depuis son enfance. Le système dans son ensemble a failli.

Enfin, tous les témoignages confirment que l'accusée a été la proie idéale d'un monstre pervers.

Nous sommes toutes et tous dans notre rôle, chacun à notre place dans la salle, ou plus exactement dans l'arène.

Le premier à s'exprimer est l'avocat général, c'est-à-dire le magistrat qui représente la société. Il va prononcer un réquisitoire pour démontrer ou non la culpabilité de l'accusée, défendre les intérêts de la société et demander l'application de la loi. Au terme de ce réquisitoire, il requiert une peine qui lui paraît adaptée aux faits poursuivis. C'est un moment crucial !

J'écoute attentivement, craintive, car il énonce des points en faveur de l'accusée tout en égrenant des réserves sur son attitude, qu'il estime parfois ambiguë. Toutefois, en comparaison avec ses réactions des deux-trois premiers jours, il paraît plus nuancé dans ses propos.

Quoique passablement rassurée, j'appréhende la suite et essaie de prédire ce qu'il va requérir. Je ne soutiens pas son regard, bien trop concentrée sur ses arguments. Quels vont être les mots de la fin ? Combien d'années d'incarcération va-t-il demander ?

Sans lâcher du regard ma cliente, il continue en évoquant sa vie malheureuse, son enfance sacrifiée, ses parents déficients – père absent, mère défaillante –, et son frère aîné, agresseur sexuel.

Lorsqu'il parle de la victime, son mari, il ne manque pas de souligner que celui-ci est « le pire des hommes », terrorisant les siens, adepte des armes pour asseoir son autorité, et il rappelle les violences quotidiennes, extrêmes et imprévisibles qu'il leur a fait endurer. Et, je peine à y croire, il invoque l'emprise dont elle ne pouvait se libérer ! Puis, il ajoute qu'« ôter la vie dans cette situation, c'est très particulier… », j'ai l'impression qu'il s'agit de ma plaidoirie. Nous sommes en bonne voie, pourvu qu'il reste sur cette lancée.

Au bout d'une heure et quart, cette phrase résonne : « Elle ne doit pas retourner en prison ! »

C'est au-delà de toutes mes espérances.

Il est excessivement rare que le ministère public fasse preuve d'autant d'indulgence. Ce cas de figure s'est toutefois déjà présenté lors de précédents procès, notamment celui d'Alexandra Lange, accusée d'avoir tué son mari et acquittée par la cour d'assises. L'avocat général lui-même avait considéré qu'elle était en état de légitime défense à la suite des violences subies.

« Est-ce que Valérie doit retourner en prison ? Évidemment que non », dira l'avocat général, qui va requérir cinq années de prison, dont quatre assorties d'un sursis probatoire pendant trois ans, avec obligation de soins. Ce qui signifie que si la cour suit ces réquisitions, elle ne sera pas incarcérée puisqu'elle l'a déjà été durant une année. Je respire, mais pour autant, rien n'est jamais acquis, c'est la cour qui a le dernier mot pour rendre le verdict et prononcer la peine. Je ne dois pas me relâcher, bien au contraire, car mon but est d'obtenir une peine encore plus clémente.

La présidente ordonne une suspension de dix minutes.

Les réquisitions sont celles que nous espérions, sans oser y croire. Trop extraordinaire pour être vrai !

Ma cliente n'a pas compris, comme souvent. Dans ce genre d'affaires, les accusés sont sous le choc et ne sont pas coutumières des bonnes nouvelles. Je lui confirme que l'avocat général estime qu'elle ne doit pas retourner en prison et qu'il propose une peine mixte, c'est-à-dire une peine ferme assortie du sursis – ce qui signifie qu'avec l'année d'incarcération qu'elle a déjà effectuée, elle pourra, si la cour suit les réquisitions, ressortir libre dès ce soir. Son visage se crispe, inquiet. Elle se met à pleurer.

Lors de la suspension, je sors pour m'isoler et me concentrer avant ma plaidoirie. On vient me chercher précipitamment, et je cours dans la salle, affolée, car ma cliente a fait un malaise. Je la retrouve allongée les yeux fermés, ses enfants soucieux et attentionnés autour d'elle, mais elle n'entend pas les mots qu'ils lui murmurent à voix basse pour la rassurer.

La présidente vient vers moi en me disant qu'elle a prévenu les secours, au cas où une hospitalisation serait nécessaire. Si elle ne va pas mieux, le procès sera reporté à lundi. Après l'avoir examinée, les médecins pensent toutefois qu'avec quelques heures de repos, l'audience pourra reprendre.

C'est ainsi que la présidente annonce que la suspension durera deux heures.

Je décide de retourner à l'hôtel pour m'extraire de l'agitation. Sur le chemin, les larmes me submergent. Ça me fait du bien. Je suis seule et peux donner libre cours à mes émotions.

Dans ma chambre, je me prépare un café et fais quelques exercices de respiration, de méditation. Puis, je reprends mes notes : il faut rester vigilante jusqu'au bout. Certains, pétris de bons sentiments ou d'inconscience, me conseilleront de plaider rapidement sous prétexte que tout a déjà été dit, que l'attente du verdict risque d'être trop longue, que tous en ont assez. Je n'en reviens pas… l'un d'entre eux est membre du comité de soutien de ma cliente ! Comment peut-on demander pareille chose à l'avocate de la défense ? Insensé ! Mais j'apprends au fil des ans que tout est possible, et que rien ne peut mettre un frein à la bêtise ou à l'indélicatesse !

Face à ces remarques, passée la surprise, je suis outrée de tant d'insolence et de laxisme. C'est bien mal me connaître… Mon métier d'avocate, je l'exerce avec « dignité, conscience, indépendance, probité et humanité », comme l'exige le serment que j'ai fait lors de ma prestation. Et j'entends bien l'honorer jusqu'au bout, en me passant des conseils non avisés de non-professionnels davantage intéressés par leur petit confort que par les intérêts de ma cliente.

Je suis déçue, énervée, mais je n'en serai que plus incisive. Je sais par expérience que devant certaines juridictions, malgré l'indulgence du parquet, la cour peut condamner sévèrement une accusée. Alors je ne lâcherai rien, et si cela ne convient pas, que ces personnes sortent de la salle ! Et je leur fais savoir, d'un ton ferme qui n'admet pas la réplique.

De retour au palais de justice, l'audience suspendue depuis le malaise reprend à 13 heures.

C'est à moi de plaider. Ma cliente est installée dans la salle, à sa place, l'audience est sur le point de reprendre : elle me dit aller mieux, mais à voir sa petite mine, je n'en suis pas si certaine.

J'appréhende chacune de mes plaidoiries, qu'importe l'enjeu, c'est un exercice périlleux, trop important pour que je sois tout à fait décontractée.

Je suis sur le banc de la défense, mes notes sont dans un dossier, prêt à être ouvert. Et moi prête à commencer.

Je respire profondément.

La présidente prononce cette phrase courte et glaçante : « La parole est à la défense. » Elle me remet au cœur de ma mission : convaincre pour que la peine qui sera prononcée soit juste et équilibrée.

Je me place face à la cour, et pose mon dossier sur le pupitre, en regardant fixement les jurés et les magistrats. Je suis juchée sur mes talons aiguilles, paraissant confiante, même si mon cœur n'est pas loin de flancher. Je me dis : « Ça va aller », ou plus exactement : « Il faut que ça aille… Je n'ai pas le choix, pour elle, pour ses enfants. »

Ces moments intenses sont à la fois magiques et terrorisants. Ne pas perdre le fil de ses idées est la règle numéro un, parler suffisamment fort et bien articuler est la règle numéro deux. Mais il y a tellement d'autres règles que je me fixe à chacune de mes plaidoiries que je les oublie au fur et à mesure, car l'essentiel est ailleurs. Je dois avant tout convaincre par la sincérité de mes mots et ne pas laisser le doute s'immiscer.

Ma plaidoirie

Madame la présidente,
Messieurs de la cour,
Mesdames et messieurs les jurés,

C'est avec une immense émotion que je défends aujourd'hui Valérie Bacot, la femme, celle qu'elle est devenue, mais aussi et surtout la petite fille qu'elle a été.

Si j'ai l'honneur de plaider aujourd'hui pour cette femme, c'est parce qu'elle a réussi à vivre, malgré les souffrances endurées depuis l'âge de douze ans.

Plaider pour Valérie Bacot, c'est aussi mettre en lumière l'absurdité de cette situation : de qui fait-on le procès ?

De celle qui a été une victime pendant vingt-cinq ans ?

De celle qui a tué pour protéger ses enfants ?

Notamment pour protéger sa fille de quatorze ans sur le point de tomber dans l'enfer du viol et de la prostitution ?

Ce n'est pas Valérie qui aurait dû être devant vous, mais son violeur, son tortionnaire, son proxénète, si la justice l'avait arrêté avant.

Ce sont tous les complices, parents, institutions sociales et judiciaires qui ne l'ont pas protégée de son bourreau, qui l'ont amenée devant cette cour d'assises.

Valérie Bacot et ses enfants sont aujourd'hui tous les cinq vivants, devant vous, grâce à elle, pour dénoncer les horreurs subies par celui qui n'a rien d'un père ni d'un mari, celui que personne n'ose nommer dans sa propre famille tant son nom est entaché de souffrance. Valérie Bacot et ses enfants l'appellent « l'autre », sa famille aussi, je ferai de même par respect pour eux.

Le 13 mars 2016, Valérie Bacot, vous avez pris l'arme avec laquelle vous avez été souvent menacée. Vous l'avez placée entre l'appui-tête et le siège. Vous avez fermé les yeux et avez tiré pour que ça s'arrête enfin.

Vous vous souvenez du bruit, qui résonne encore.

Vous vous souvenez de l'odeur de la poudre, du flash survenu dans votre esprit lorsque vos yeux se sont fermés.

Vous vous souvenez de la peur, de la terreur lorsque vous vous êtes sauvée.

Le 13 mars 2016, Valérie Bacot tue celui qui fut d'abord son beau-père, celui qu'elle appelait « papa », celui qui l'a violée à l'âge de douze ans, qui lui donnait des pièces pour aller acheter des préservatifs au distributeur place de la Poste.

Valérie Bacot a tué celui qui, par le pouvoir d'une emprise terrible sur elle et sa famille, est devenu son mari, son bourreau, celui de ses enfants, et son proxénète.

Oui, elle a tué celui dont la violence n'avait plus de limites.

C'était elle ou lui.

Elle a tué celui qui la terrifiait, qui la frappait, qui la prostituait, qui l'a traitée comme son esclave, qui a lui-même tatoué son nom «DANI » en lettres majuscules sur son pubis, avec des aiguilles et de l'encre de Chine, « pour que le client sache que j'étais à lui ».

Oui, Valérie Bacot, il est bien mort.

Aujourd'hui, vous n'avez plus à en avoir peur.

Dites-vous que s'il n'était pas mort, c'est vous qui le seriez, et vos enfants aussi.

Mesdames et messieurs les jurés,

Vous avez été tirés au sort pour juger d'un acte grave : un meurtre. Un assassinat, selon monsieur l'avocat général.

Oui, Valérie Bacot a tué.

Toutefois, l'acte reproché à l'accusée ne peut être détaché de son contexte et de la somme de souffrances qu'elle a vécues.

Depuis 2017, nous avons tissé une relation privilégiée avec Valérie. Peu à peu, elle a accepté de me parler de son enfance parsemée d'indifférence, de maltraitances, de malheurs, de sa vie de femme, de sa vie avec « l'autre », de ses enfants.

Le moins que l'on puisse dire, c'est qu'aucune fée ne s'est penchée sur son berceau.

Non désirée, ni par sa mère ni par son père alors en train de se séparer, elle sera très tôt confiée à sa grand-mère, à l'âge de six mois, alors que sa mère fait un séjour en hôpital psychiatrique.

Sa mère, Joëlle Aubague, elle me l'a décrite comme une mère violente, sévère, égoïste, collectionneuse d'hommes, inconsciente, manipulatrice. Elle traite Valérie différemment de ses frères. Jamais de marques d'affection, ni de gestes de tendresse, ni de mots d'amour.

Vous avez eu l'occasion de vivre cette indifférence quand elle est venue déposer devant vous. Et plus encore quand elle est partie de cette salle sans un regard pour sa fille.

Elle a cautionné les actes graves commis par son compagnon en les qualifiant « d'anecdotes » devant la cour, elle a fermé les yeux et n'a pas hésité à emmener sa fille au parloir pour aller voir son violeur.

Valérie n'a jamais été en sécurité auprès de celle qui aurait dû la protéger.

Son père, Roger Bacot, est un père absent, indifférent, effacé, fuyant la maison. Lui non plus n'a jamais de gestes de tendresse ni de mots d'amour. Il ne s'est jamais intéressé à ses enfants ni occupé d'eux, préférant toujours les confier à sa propre mère lors des droits de visite et d'hébergement.

Et c'est heureux pour Valérie qui, grâce à cette grand-mère paternelle, vivra des moments doux et tendres, comme celui d'avoir le plaisir d'une bouillotte dans le lit avant de s'endormir, ou de se faire préparer ses plats préférés.

Christophe, son frère aîné, lui a toujours fait peur, et pour cause, celui-ci lui a imposé une fellation à l'âge de six ans, dans le garage de leurs grands-parents, alors qu'ils allaient chercher des glaces dans le congélateur.

Jérôme, son petit frère, a toujours été très proche d'elle. Il a été comme son premier enfant, son refuge, sa bulle d'oxygène, palliant les carences affectives, surtout quand leur mère était ivre ou en colère. Alors comment comprendre l'indifférence de ce frère, qui ne l'a pas regardée lorsqu'il est venu pour témoigner devant vous ?

C'est dans ce contexte que Valérie Bacot a commencé sa vie de petite fille.

Valérie, c'est à la fois Cosette et Cendrillon. Elle se construit seule, est submergée par les corvées et élevée par des adultes effrayants et maltraitants.

Valérie n'a pas d'amis, elle rentre de l'école pour faire le ménage, le repassage, la cuisine et s'occuper de son petit frère. Elle nettoie les vitrines du magasin de mercerie de sa mère, garde la caisse, fait chaque fin d'année l'inventaire des boutons plusieurs jours durant. Dès son plus jeune âge, elle est témoin des infidélités de sa mère dans l'arrière-boutique ou à la maison.

Malheureuse, elle pense plusieurs fois à s'enfuir de cette maison avec son petit frère : elle prépare même une valise avec leurs affaires. Mais où aller quand personne ne vous attend nulle part ? Avec quel argent ? Pour quoi faire ? Elle y renonce vite.

Le docteur Prieur, psychiatre, a attesté de carences affectives et éducatives sévères. Il a expliqué que Valérie n'avait aucun repère.

Puis il y a eu l'arrivée de « l'autre » dans la maison.

La première fois que Valérie a vu « l'autre », c'est lorsqu'elle le surprend en plein rapport sexuel avec sa mère.

Le lendemain, elle le voit arriver au magasin. Sa mère lui ordonne de le suivre, il l'emmène à la maison. En route, il s'arrête chez lui prendre ses affaires. Sur les murs, Valérie découvre des posters de femmes nues.

Dans un premier temps, « l'autre » l'attire vers lui, il prend sa défense face à sa mère, qui la bat avec un martinet. Valérie a alors le sentiment d'être protégée par son « nouveau papa ». Pour son anniversaire, il lui offre un cadeau (un dauphin en verre). Elle n'a pas l'habitude de tant d'attentions. Elle qui aime tant les dauphins, il va lui faire un tatouage de dauphin avec des aiguilles et de l'encre de Chine.

Au début, elle voit en lui un « père de substitution » pour pallier les défaillances de sa mère. Mais celui qui lui prépare son goûter tous les jours quand elle rentre de l'école pose très vite un nouveau regard sur elle.

Il lui interdit de fermer la porte de la salle de bains lorsqu'elle prend sa douche, lui caresse les seins, lui passe de la pommade sur les parties intimes sous prétexte qu'il lui apprend « l'hygiène » parce que sa mère est une « crasseuse ».

Le docteur Prieur a d'ailleurs relevé chez Valérie une non-différenciation entre dangereux et protecteur.

Un jour, le pas ultime est franchi : il la viole à même le sol, le lendemain dans la salle de bains, le surlendemain dans sa chambre et dans le salon. Tous les soirs comme un rituel – sauf le dimanche lorsque sa mère ne travaille pas. À peine le goûter fini, il lui ordonne : « Allez, tu montes. » Elle sait ce qui l'attend.

Elle a douze ans. Vous avez vu sa photo à cette époque.

Imaginez cet homme qui prend de force une enfant, lui impose une fellation, la pénètre brutalement, son haleine chargée d'alcool, son odeur de sueur et de tabac froid, sa grosse moustache, ses mains cagneuses qui lui enlèvent sa culotte, et elle si frêle, si timide… La moquette lui brûle les genoux. Elle comprend vite qu'elle doit le laisser faire pour que cela cesse plus vite et qu'elle ait moins mal. Le sang coule de ses jambes, mais elle ne parle pas.

Un jour, Mireille et Monique, les sœurs de « l'autre », sont chez eux, il a Valérie sur les genoux.

Lorsqu'elles repartent, Monique dit : « Je te parie qu'il lui fait la même chose qu'à moi. » C'était vrai. Monique a été violée de l'âge de onze à quinze ans par son frère, battue, menacée. À seize ans, elle avait alerté un juge pour enfants. Elle s'est retrouvée en foyer, puis très vite à la rue, dormant sur un banc. Elle ne voulait plus retourner chez ses parents, où vivait le loup.

Le frère et les sœurs de Daniel Polette ont voulu protéger Valérie, qui a alors treize ans, et le dénoncent. « L'autre » part escorté par les gendarmes. Valérie se souvient du regard noir qu'il lui lance, elle a peur.

Dans la maison, Joëlle Aubague est en pleurs, elle manipule sa fille et lui reproche d'avoir parlé. Pour elle, Valérie est la coupable, et non son violeur d'amant. Elle se met à boire de plus en plus, devient de plus en plus agressive, envers les autres et elle-même. Elle fait une tentative de suicide. Valérie se culpabilise, et d'autant plus que les pages de son journal intime concernant les épisodes de « l'autre » ont été arrachées. Elle se dit qu'elle aurait dû se taire et qu'elle n'écrira plus les mots qui l'apaisaient.

« L'autre » est jugé et condamné pour agression sexuelle sur mineur de moins de quinze ans – les viols n'étant pas pris en compte par la justice.

En quête d'amour, Valérie fait tout ce que sa mère lui demande pour se faire pardonner : elle va au parloir, répond aux lettres de « l'autre » en concluant d'un « Papa, je t'aime » sous la pression de sa mère, ils échangent au téléphone.

« L'autre » restera trente-trois mois en prison. À sa sortie, il réintègre le domicile, sans que cela choque personne.

Le loup revient dans la bergerie.

Valérie espère qu'il a changé, mais il recommence très vite à la violer.

Valérie a dix-sept ans.

Sa mère, consciente mais silencieuse sur les viols, l'oblige à faire un test de grossesse.

Dans un premier temps, c'est « l'autre », très courageux, qui utilise son urine pour falsifier le résultat. Mais après avoir découvert le pot aux roses, Joëlle Aubague prévient le père de Valérie, Roger Bacot, qui téléphone à sa fille, furieux : « Si tu veux que ton petit frère rentre chez ta mère, tu as une semaine pour faire tes valises, sinon il reste avec moi. »

Inquiète que son petit frère ne puisse plus voir ses copains, elle n'a d'autre choix que de suivre « l'autre » pour le protéger. Joëlle Aubague oblige Valérie à demander son émancipation auprès d'un juge des enfants, l'aide à préparer ses valises et met des coussins de lavande à l'intérieur.

Le juge convoque Valérie et sa mère sans s'étonner de la présence de « l'autre ». Joëlle Aubague déclare que Valérie lui a mis le couteau sous la gorge. Elle ment, mais le juge des enfants n'écoute pas Valérie lorsqu'elle dément cette affirmation. Alors Valérie obéit et part avec celui qui l'a à la fois défendue face à sa mère et maltraitée psychologiquement, sexuellement, physiquement.

Valérie s'est aussi confiée sur sa vie conjugale. Une vie de soumission et de violences inimaginables. Quelques exemples : insultes, contrôle de la couleur des cheveux et de l'habillement, choix du prénom des enfants, surveillance des déplacements (elle doit notamment demander l'autorisation pour aller chez le gynécologue, et même s'il l'autorise à y aller, il la frappe à son retour), humiliations diverses et variées.

Aujourd'hui, Valérie est encore persuadée qu'il avait raison.

Une scène de ce quotidien : alors qu'elle fait la vaisselle, « l'autre » saisit l'une de ses armes, pointe le canon sur son front. Elle ne sait pas si l'arme est chargée. Elle est terrifiée. Lorsqu'il tire dans le vide, il lui dit : « La prochaine fois, il y aura une balle pour toi et chacun des enfants. »

Les coups, elle s'y habitue, mais les mots la blessent au plus profond d'elle-même, restent ancrés et la poursuivent sans répit.

Valérie n'a plus d'estime d'elle-même.

Valérie n'a plus confiance en elle, vous l'avez comme moi entendue : « Je suis bête », « je ne comprends pas ».

Les coups ont démarré à la naissance de Dylan, leur premier enfant. Ils ne s'arrêteront jamais. Tous les prétextes sont bons : les pleurs du bébé, des jouets qui traînent. Très vite, la violence est la norme pour tout et n'importe quoi. Et la voilà qui doit ranger les placards jusqu'à 3 heures du matin. Il déteste par-dessus tout qu'elle s'occupe des enfants, parce qu'elle n'est plus à sa disposition.

Les violences s'accentuent : un jour de Saint-Valentin, il lui casse le nez parce que le repas ne lui convient pas. Elle ne pourra pas voir de médecin et le remet en place toute seule. À Noël, il l'assomme avec un marteau parce que la guirlande lumineuse qu'elle lui tend ne fonctionne pas. Là encore, elle se soignera toute seule.

Pendant toutes ces années, elle cache, tant bien que mal, les violences à ses enfants : elle s'enferme dans la salle de bains pour nettoyer le sang sur son visage et sur son corps. Lorsque ses enfants s'inquiètent, elle répond : « C'est des histoires de grands. »

Mais les enfants comprennent toujours.

À deux reprises, elle envisage de mettre fin à ses jours, en montant sur le rebord de la fenêtre. Mais la perspective de laisser les enfants seuls avec lui est insoutenable.

Pourquoi Valérie n'est-elle pas partie ? Pourquoi ne pas avoir déposé plainte ? Cela suscite toujours le doute et l'incompréhension. Il ne faut pas pour autant la décrédibiliser. Vous devez la croire. Vous devez tenir compte des menaces qui pesaient sur elle, qui l'empêchaient de se défendre et d'agir.

Le psychiatre l'a expliqué clairement : « L'aliéné n'imagine pas le recours possible à la loi. » La seule loi qu'elle connaissait, c'est celle de l'aliénant.

De même, madame François, psychologue, a précisé que porter plainte dans son cas précis n'était pas possible. Elle n'avait pas la garantie que sa plainte allait aboutir. Et bien trop peur.

La violence chez « l'autre » est familière, elle l'a toujours été. Vous le savez désormais.

Il avait la même attitude avec Monique, sa sœur, et Valérie. Il les prenait sur ses genoux et leur disait : « Monte dans la chambre. » Les traitait de « bonnes à rien », proférait des menaces : « Tu finiras sur le trottoir. » Monique dit de lui qu'« il s'est échappé de l'asile ». Quand elle a su que Valérie était enceinte, elle a eu cette phrase terrible : « Pourvu que le bébé ne soit pas une fille. »

Tous ont dit que « Valérie est une victime ».

Tous ont la certitude qu'elle allait finir par être tuée.

Et que nous ont appris les témoignages des ex-compagnes ? Qu'il avait le même mode opératoire, qu'elles étaient ses objets. Toutes ces femmes frémissent encore en parlant de lui, elles ne se sont pas reconstruites, leur vie est brisée. Elles disent toutes les trois : « Il aurait pu la tuer. » Un jour ou l'autre, ça aurait fini comme ça.

Lui disait souvent à Valérie : « J'aurais dû les tuer », pour lui ôter l'envie de partir un jour.

Personne ne peut rester insensible face à ces horreurs, dont la liste ne cesse de s'allonger.

C'est lui qui organise les passes avec des femmes à leur domicile, ou des hommes dans la 806, décide du montant et regarde la scène à travers un œillet aménagé dans l'un des cartons qui recouvrent les fenêtres. Il appareille Valérie d'oreillettes, pour mieux diriger ce qu'elle doit faire et accepter, même l'intolérable.

Il décide de TOUT.

Lorsqu'elle rentre chez elle, elle se lave à la Bétadine pendant des heures jusqu'à s'arracher la peau. Elle a le sentiment qu'est gravé à jamais sur son front le mot « prostituée ».

Dans son rapport d'expertise, le docteur Prieur écrit: « Il l'a enfermée dans une toile d'araignée, elle ne peut s'échapper », et met en évidence « la soumission de Valérie à une forme de manipulation et d'emprise, de toute-puissance incarnée par le personnage de son mari vécu comme un tyran domestique ayant droit de vie et de mort sur chaque personne du foyer, voire restant un élément persécuteur interne au-delà de son décès, ce qui confirme par ailleurs un syndrome de la femme battue. » Il parle également de syndrome de Stockholm. Cet attachement entre une victime et son agresseur, tissé lors d'une situation de danger extrême (prise d'otage, agression sexuelle...), même lorsqu'il y a danger de mort.

Et dans ce foyer dysfonctionnel, ce huis clos toxique, quelle a été la vie des enfants?

Valérie les a toujours protégés: elle cache leurs mauvaises notes, les laisse regarder la télévision en cachette, arrondit en permanence les angles. Ce qui ne les empêche pas de subir des humiliations et des violences. Toute la famille vit en fonction de l'humeur du patriarche. Ils scrutent son regard noir avant d'oser lui adresser la parole. Valérie dit: « J'ai programmé mes enfants à ce qu'ils se taisent avec les tiers et avec leur père. Je les ai programmés autant que lui m'a programmée. »

Comment peut-on expliquer le passage à l'acte alors que Valérie Bacot est terrorisée à tous les instants?

Parce qu'il y a eu un soir, ce soir-là.

La veille des faits, Karline, sa fille de quatorze ans, redescend de la chambre de son père, l'air particulièrement troublée. Elle raconte à sa mère qu'il lui a demandé « comment elle était sexuellement ». Ce soir-là, elle comprend qu'elle doit faire quelque chose pour protéger sa fille. Ce soir-là, elle a rendez-vous avec un client particulièrement violent qui exige une sodomie. Elle refuse, « l'autre » hurle et lui ordonne de le faire. Elle hurle de douleur. Elle a très mal. Elle saigne.

Et c'est à ce moment-là qu'elle voit le visage de Karline et pense à sa petite fille qui risque de vivre la même horreur qu'elle au même âge. Elle voit l'imminence du péril. Elle envisage le pire pour sa fille, car elle le sait capable de tout.

Elle a alors un déclic.

Comme tous les experts l'ont bien expliqué, le stress post-traumatique de Valérie l'a conduite à ce passage à l'acte. C'est un geste de survie.

Quand le client part, « l'autre » hurle encore et encore et la menace. Elle veut que ça s'arrête, elle a peur de mourir et de laisser ses enfants et sa fille aux mains de ce monstre. L'arme est si proche, elle s'en empare, ferme les yeux.

Ne réalise pas qu'elle l'a tué.

Elle sort du véhicule, ouvre la portière, il tombe au sol.

Elle prend la place du conducteur, se met au volant, a peur qu'il la poursuive.

Elle conduit vite, très vite.

Elle est en pleurs.

Elle se rend compte qu'elle est nue.

Elle s'arrête enfin, enfile son tee-shirt et son jean et rejoint Lucas.

En résumé, quelle aura été la vie de Valérie ?

Une enfance dénuée d'innocence.

Une entrée dans l'âge adulte qui rime avec la séquestration par un tyran, un violeur qui s'est déguisé en mari lors d'une cérémonie ratée : pas de robe blanche, pas de fleurs, pas d'amis, deux alliances à dix euros en métal. « Comme des anneaux de rideaux », me dit-elle.

Valérie, c'était et c'est encore une petite fille de douze ans qui n'a pas pu grandir, qui a été toute sa vie sous emprise parce que ce pervers a été protégé alors qu'il était violent, qu'il la violait, la possédait. Il en a fait sa chose. Elle n'a jamais été aidée, par personne… sauf les frères et sœurs du bourreau !

La société entière est coupable. Ce meurtre n'aurait jamais dû avoir lieu.

Elle seule a pu mettre fin à cet enfer pour que ses enfants qu'elle aime inconditionnellement, issus de viols, soient protégés.

Parce que malgré toutes ses souffrances, malgré cette indifférence, Valérie a gardé une belle âme, il suffit de l'observer, de l'écouter. Sa voix est douce. Ses yeux brillent encore après ce qu'elle a vécu et s'animent dès qu'elle parle de ses quatre enfants et de sa petite-fille.

Comment Valérie a-t-elle fait pour tenir debout ? Et comment imaginer qu'elle représente un danger pour la société ?

D'après les experts, elle ne présente aucune dangerosité criminelle. Il n'y a pas de risque de récidive chez une femme qui tue dans un contexte de syndrome de femme battue.

Valérie démontre tous les jours à la société qu'elle est courageuse : elle travaille, s'accroche en dépit de ses traumatismes car, qu'on le veuille ou non, la mort de cet homme a sauvé ses enfants, et cacher le corps lui a permis de ne pas être séparée d'eux trop tôt.

La partie civile prétend qu'un enfant a besoin d'un père et d'une mère et qu'il doit avoir conscience de la nécessité de l'application de la loi. Que pense E., le plus jeune fils de Valérie, en découvrant que sa mère, elle, n'a pas été protégée par la loi lorsqu'elle avait son âge ? Que pense E. d'une société où sa mère pourrait être considérée comme coupable et non victime ? Que pense-t-il de la justice ? Que pense-t-il de la demande de son avocate, qu'il n'a pas choisie, contraire à son aspiration ?

Il vaut mieux ne pas avoir d'images d'un père plutôt que celles d'un père raciste, pervers, pédophile, violent, violeur et proxénète. Et il vaut mieux se reconstruire auprès d'une mère protectrice et aimante que d'un monstre. Il l'a compris, E., et ne veut même plus porter son nom.

L'avocat général, qui représente la société, a compris le contexte dans lequel a vécu Valérie.

Mais de quelle société parle-t-on ?

De celle qui a donné l'autorisation à une petite fille de treize ans violée par son beau-père pédophile d'aller le visiter en prison avec un permis de visite portant le tampon de la République française ?

Cette société, je ne m'y reconnais pas. Comme beaucoup d'entre nous ici présents et à l'extérieur de ce tribunal, j'en ai honte. Tout comme je m'insurge contre les juges et les gendarmes complices de ce violeur récidiviste qui, par leur incompétence et négligence, ont brisé la vie de Valérie Bacot. J'espère aujourd'hui qu'ils se reconnaîtront et qu'ils feront leur examen de conscience.

La France doit ouvrir les yeux et s'inspirer d'autres pays qui ont assimilé que, dans un tel contexte de violences intrafamiliales, une femme qui tue son bourreau doit être acquittée, notamment quand un syndrome de femme battue est établi. Et si elle est sanctionnée, elle doit l'être avec la plus grande indulgence et à titre symbolique.

Si Valérie Bacot vivait au Canada, elle n'aurait pas fait un jour de prison.

Quand je pense à la vie de Valérie Bacot, un titre de film me vient à l'esprit : *Voyage au bout de l'enfer*. Dans ce film, ce qui m'a marquée, ce sont les scènes de roulette russe. Les victimes de ce jeu cruel sont des soldats, des hommes en pleine force de l'âge, des hommes solides. Ils manquent tous de devenir fous avant de s'en sortir en retournant l'arme avec laquelle ils étaient menacés contre leur bourreau.

Valérie a subi la même chose, elle était menacée par un revolver braqué sur sa tempe en permanence, son tortionnaire lui répétant « la prochaine fois sera la bonne ».

Mais elle n'était pas un soldat, ni un homme robuste.

Et ce n'était pas un film… mais sa vie.

La vie d'une petite fille violée,

La vie d'une femme dont il a pris le corps,

La vie d'une femme dont il a pris l'âme,

La vie d'une femme dont il a pris l'esprit,

Et qui n'a pu s'en sortir qu'en retournant l'arme de ses tortures contre son tortionnaire, pour que cesse son voyage au bout de l'enfer.

Mesdames, messieurs les jurés,

Vous avez été tirés au sort, et le sort de Valérie Bacot est entre vos mains.

Pour elle, c'est la dernière étape de son trop long voyage au bout de l'enfer. L'envoyer en prison, cela serait son purgatoire, et d'une injustice sans nom. Elle n'a pas de peine à purger, car elle n'a pas de dette envers la société. C'est la société qui en a une envers elle.

Vous avez la possibilité de l'envoyer directement au paradis. Un paradis très simple : il consiste à passer cette porte libre, entourée de ses quatre enfants.

Son long voyage au bout de l'enfer peut, grâce à vous, prendre fin aujourd'hui.

Vous devez mettre fin à ce voyage au bout de l'enfer.

Votre tâche n'est pas facile. Personne ne peut se réjouir d'une vie qui disparaît. Mais personne ne peut se réjouir de ne pas avoir protégé une enfant de douze ans, violée par son beau-père. Personne ne peut se réjouir de ne pas avoir protégé une femme séquestrée, violentée, emprisonnée, prostituée.

Une femme que nul n'a défendue. Qui a fait du mieux qu'elle a pu, sans main tendue.

Une femme non violente.

Une mère aimante, protectrice.

Aujourd'hui, vous représentez la justice, et votre devoir est d'être juste et humain. La justice ne doit pas rester aveugle. Je ne vous demande pas la pitié, mais vous réclame la justesse.

Ce n'est pas elle, le monstre, mais la victime.

S'il n'était pas mort, Valérie et ses enfants ne seraient plus là pour nous parler et nous n'aurions plus qu'à déplorer les dégâts irréparables.

C'est pourquoi je vous demande de lui laisser l'opportunité de reconstruire un véritable noyau familial avec ses enfants. Notre responsabilité à tous doit être engagée. Laissez-lui l'opportunité d'aller enfin vers la lumière.

Tendez-lui la main.

Permettez-lui de retrouver sa dignité et sa liberté.

Laissez-la franchir cette porte avec ses enfants.

Ma plaidoirie est terminée. Tranquillement, je rejoins ma place.

J'ai plaidé avec beaucoup de concentration, mais les phrases se sont enchaînées avec aisance. Très certainement parce que cette histoire m'a habitée à tel point que je peux la raconter les yeux fermés. Je leur ai tout dit, ce que je sais de ma cliente, ce que j'attends d'eux, et les jurés, comme captivés, m'ont écoutée avec la plus grande attention.

Dans cet exercice, la parole est libre, aussi en ai-je profité pour affirmer clairement mon opinion, sans crainte. Je suis indignée par les dysfonctionnements que révèle ce procès, je suis en colère contre la société, qui n'a pas joué son rôle, qui a manqué à ses devoirs. Je ne veux pas laisser le choix aux jurés : je leur demande de la laisser partir de cette enceinte avec ses enfants.

J'ai le sentiment non seulement d'avoir accompli ma mission, mais surtout d'avoir été au rendez-vous. J'ai connu un moment de grâce, comme il en arrive peu. Mais une heure et demie pour convaincre, c'est court. Et sitôt assise, une question me hante : vais-je être entendue ? J'ai la certitude qu'il y aura condamnation, parce qu'elle a tué. Mais pour autant doit-elle retourner en prison ?

Mon ancienne associée, qui défend avec moi les intérêts de Valérie, va s'exprimer à son tour. Elle estime que la préméditation ne peut être retenue et que l'acquittement de Valérie s'impose, car elle aurait été atteinte, au moment des faits, d'un trouble psychique ayant aboli son discernement. Par conséquent, elle ne pouvait faire autrement que de tuer pour ne pas mourir.

Pour clore les débats, la présidente demande à l'accusée si elle a une dernière déclaration à faire. Valérie en a une : « Je voudrais dire pardon à mes enfants… »

L'affaire est mise en délibéré. La greffière nous téléphonera pour revenir dans la salle et nous préparer à l'annonce du verdict.

Cette attente est toujours un moment d'intense anxiété, qui peut se prolonger des heures. Il faut alors s'occuper l'esprit : je téléphone, prends des cafés avec des journalistes… J'essaie de penser à autre chose ; mais derrière mon calme apparent, l'angoisse me tenaille.

Je songe à ma cliente, qui patiente dans une salle avec des gendarmes, même si elle n'est pas menottée. Exceptionnellement, compte tenu de son état de fragilité, ses enfants peuvent se relayer auprès d'elle.

Lorsque je les croise dans le palais, où je fais des allers-retours pour « passer le temps », ils me disent qu'elle s'est endormie tant elle est épuisée.

Il est 21 heures. La greffière téléphone : nous avons un quart d'heure pour regagner la salle d'audience.

Avant même que la cour ne fasse son entrée pour annoncer le verdict, je comprends que ma cliente ne sera pas réincarcérée : aucun gendarme n'est posté aux portes de sortie de la salle, ce qui est le premier indice positif. Et puis l'un d'entre eux me demande quelle serait la réaction de ma cliente si elle devait ressortir libre du palais. Souhaiterait-elle sortir par la porte principale ou par une porte dérobée ?

Je n'ose y croire… J'interroge immédiatement ma cliente à ce propos. Et elle est d'accord avec moi, sortir par la porte principale, c'est lui permettre de sortir la tête haute. C'est aussi pouvoir remercier toutes les personnes qui l'ont soutenue, y compris la presse, qui s'est emparée de cette affaire et qui a permis d'émouvoir la France entière et au-delà de nos frontières.

La voix forte de l'huissier me sort de mes pensées : « La cour ! »

Le verdict est prononcé après que la cour a délibéré sur la culpabilité puis sur la peine et que la décision finale a été arrêtée. La cour quitte alors la salle de délibéré pour entrer dans la salle d'audience.

Comme nous l'avions espéré, le verdict est clément, la justice est en train d'évoluer. Même si elle est déclarée coupable d'assassinat (la préméditation ayant été retenue), Valérie sera condamnée à quatre ans de prison, dont trois avec sursis probatoire, assortis d'une obligation de soins pendant trois ans. Ayant déjà effectué une peine d'un an de prison ferme, elle ressort libre.

Quel soulagement! Pour elle, pour ses enfants et pour toutes celles qui se trouveront malheureusement à sa place un jour. Je me dis que j'ai beaucoup de chance de vivre ce moment professionnel dans ma carrière, il y en a si peu de ces victoires! Enfin, mon métier a un sens, et je l'ai tellement cherché. Je sais aujourd'hui qu'il ne faut jamais baisser les bras ni se décourager.

Dans la salle d'audience, toutes les personnes présentes ont applaudi à l'annonce du verdict. Cela me replonge quelques années en arrière, lorsque Alexandra Lange est sortie libre elle aussi, sous les feux des projecteurs et les applaudissements.

En sortant du palais de justice, un sentiment de paix et de devoir accompli m'envahit. Valérie est libre, mon travail d'avocate est terminé dans ce dossier, mais mon combat de femme continue pour les autres à venir. La descente des marches du palais restera à jamais gravée dans ma mémoire: je suis toujours en robe d'avocate et soutiens ma cliente, très faible, pouvant à peine marcher. Ses enfants sont là, délivrés, heureux, souriants, tournés vers l'avenir. Une haie de passants applaudit, ma cliente est pâle, chancelante, mais elle a gagné sa liberté.

Je ne peux pas affirmer que je suis euphorique, je suis tout comme elle sous le choc, même si j'espérais ardemment cette décision. On ne sait jamais ce qui peut arriver dans une cour d'assises.

Dans ce dossier, tout était en place : l'écoute, la compréhension, l'attention, la prévenance, l'humanité, l'empathie de la présidente qui, avec beaucoup de respect, adressera ces mots à Valérie : « La cour vous souhaite de retrouver la paix et la sérénité. » Mais aussi l'avocat général, qui a été très réceptif à toutes les notions psychiatriques en deux jours à peine – ce dont je n'ai pas manqué de le féliciter en aparté lors de la suspension d'audience consécutive à l'évanouissement de ma cliente.

J'ai la sensation du travail bien fait par toutes et tous, et c'est ce qui a permis, j'en suis convaincue, que ma cliente obtienne une telle décision. La société, qui avait failli, l'a au moins reconnu, et c'est une avancée immense.

J'accompagne ma cliente jusqu'au parking où la voiture de son fils est garée. La foule et les journalistes suivent, caméra au poing.

Nous devons nous quitter, nous dire au revoir cernés par la foule, ébranlés par tant d'émotions. Nous nous faisons la promesse de nous téléphoner, comme avant.

Les derniers mots que je lui murmure, en posant ma main sur sa joue, sont : « Prenez soin de vous. » Une photo sera volée de ce moment intense et reprise par la presse. Elle fera le tour des médias. Quel merveilleux souvenir…

Je regrette de ne pas avoir fêté cette victoire avec elle et ses enfants, mais nous n'avons pensé à aucun moment à organiser un dîner, nous étions trop accaparés par le procès et son issue.

Jusqu'à maintenant, chaque victoire obtenue, je l'ai fêtée avec ma cliente, accusée ou partie civile. Cela nous permet de reparler des temps forts de l'audience, de nos ressentis. Mais dans le cas présent, je pense que nous sommes dépassées par ce qui vient d'arriver. Et puis je sais d'expérience que nous ne nous reverrons plus qu'en de rares occasions. C'est ainsi. Malgré nos promesses, nos routes se sépareront. Valérie s'en va vers un autre chemin, que je lui souhaite paisible. Je m'y suis faite depuis toutes ces années, même si cette réalité est parfois d'une brutalité inouïe et l'impression de vide qui s'ensuit immense. Elle me manque déjà.

Ce soir, je suis toutefois en bonne compagnie, invitée par des journalistes bienveillants ; les chants corses, la bonne humeur et les rires fusent. Que rêver de plus ?

Il est 2 heures du matin lorsque je regagne mon hôtel, et pourtant je n'arrive pas à m'endormir. Je regarde une chaîne d'infos qui diffuse les images de la sortie du palais. C'est bouleversant, je suis émue aux larmes.

Samedi 26 juin

Retour à Paris

Le lendemain, les interviews s'enchaînent dès 8 h 30.

À 13 heures, mon taxi arrive pour m'emmener à la gare prendre le train à destination de Paris.

Je retrouve sur le quai des journalistes avec lesquels j'échange quelques mots. Ils me confient leur satisfaction d'avoir vécu un tel moment.

Le dossier se referme, d'autres m'attendent au cabinet.

Une femme violentée pendant des années qui a tué d'un coup de revolver son mari a besoin de moi pour sa défense.

Une dont les enfants lui ont été enlevés par son mari.

Une qui a été violée.

Et tant d'autres encore que je vais accompagner, celles qui sont encore vivantes et les familles de celles qui sont mortes.

Ce n'est pas pour autant que j'oublierai ce que je viens de vivre. Bien au contraire, chaque expérience, chaque affaire me rend plus forte et m'incite à continuer mon combat avec ténacité et conviction, pour redonner l'espoir à toutes ces victimes de violences conjugales et à leur famille.

C'est difficile à chaque fois que je reviens d'une cour d'assises de me replonger dans ma vie professionnelle et personnelle. Mais je suppose qu'il en va de même pour un comédien quittant une troupe et son rôle après plusieurs mois d'immersion, de larmes et de sueur. Le vide me submerge et va s'installer environ une semaine. Le quotidien paraît bien fade après pareilles émotions, mais la vie reprend progressivement son cours.

Je veux pouvoir encore raconter, expliquer, dénoncer aux jurés le fonctionnement de notre société, de la justice et les faire réagir sur la problématique des violences conjugales.

Je veux redonner à toutes ces femmes victimes d'une aliénation totale leur juste place, pour qu'elles s'emparent de leur existence, qu'elles ne se considèrent plus comme de vulgaires objets. Et je dois agir avant qu'un drame ne survienne, car mettre fin à la vie de leur bourreau en le tuant NE DOIT PAS être la seule solution pour s'en sortir.

C'est une faille de la société et notre rôle est de la combler.

Plus que tout dans ces moments, je ressens le besoin de me confier à mes amis, à ma famille, de discuter avec mon fils, qui est un soutien indéfectible et un coach exceptionnel, un conseiller hors pair et le meilleur des contradicteurs.

Petit à petit, je retourne à la vraie vie. Je vais rejoindre mon fils Romain et mon chien Gary…

Instantané d'un quotidien de combat sans relâche

Les appels téléphoniques sont de plus en plus difficiles à supporter : « Allô, maître ? Ça va pas là, ça va plus du tout, il va me tuer, il va tuer les enfants quand il sort de prison, il m'a appelée encore dix fois ce soir, il a un autre téléphone en prison, au commissariat ils s'en foutent, je ne sais plus quoi faire maître, aidez-moi, j'en peux plus, je vais craquer, j'ai envie que tout s'arrête, je préfère mourir plutôt qu'il s'en prenne aux gosses, il l'a dit, si t'es pas crevée quand je sors pourriture, c'est tes bâtards que je vais finir à la chevrotine grosse salope… »

Des cris, des larmes, de la détresse. Je suis accablée par la laideur de ce qu'un être humain peut faire endurer à un autre. C'est le résumé de mon quotidien aux prises avec la misère.

Dans ce métier, il est très complexe, sinon impossible, de séparer sa vie professionnelle de sa vie privée. Derrière chaque appel d'une cliente, il peut être question de vie ou de mort. Et la mort rôde parfois sous la forme d'un ex-conjoint violent sociopathe multirécidiviste qui profère des menaces et des incitations au suicide envers son ancienne compagne alors même qu'il est incarcéré pour des violences lourdes commises à l'encontre de cette dernière.

De nombreuses clientes m'appellent le soir ou la nuit pour me dire qu'elles veulent « en finir ». Dans ce contexte, la mort à laquelle on aspire s'envisage comme la fin de ses souffrances ou constitue une fuite en avant face à des menaces trop pressantes. Alors oui, acculées, certaines femmes pensent à mettre fin à leurs jours plutôt que d'endurer plus longtemps cet enfer perpétuel où leur bourreau continue de les tourmenter en toute impunité, même derrière les barreaux d'une prison de la République.

Ce soir, comme toutes les semaines, je reçois un de ces appels que je redoute tant de la part d'une cliente dépressive, particulièrement fébrile : « Maître… », des sanglots l'interrompent, « maître, je ne veux plus vivre… C'est trop dur, trop dur… Je… Je crois que je vais partir ce soir.

– Calmez-vous, madame F., respirez, soufflez un peu, asseyez-vous, dites-moi, vous allez partir où ?

– Je vais partir dans une tombe, maître, là-bas je serai mieux qu'ici, j'aurai enfin la paix, il sera plus là, il me laissera enfin tranquille ! Mes problèmes, ils vont partir avec moi. »

Dans ces moments-là, je bénis les psychiatres avec lesquelles j'ai entrepris des formations pour savoir réagir à la détresse de ces femmes. Comprendre leurs maux, les aider à les verbaliser, les écouter, les calmer, les rassurer puis les orienter vers des professionnels de santé, voire contacter le SAMU, pour qu'il les conduise aux urgences psychiatriques dans les cas extrêmes, cela fait aussi partie intégrante de mon métier.

Madame F. a des tendances suicidaires, comme une dizaine de mes clientes à des degrés divers. L'accumulation des violences morales et physiques, des humiliations et des coups l'a inexorablement conduite au fil des années au seuil du précipice, face à cette impasse insoutenable.

En exerçant leurs forces destructrices contre leur conjointe, quand ils ne les tuent pas de leurs propres mains, ces hommes poussent parfois leur compagne à « en finir » d'elles-mêmes. Ils les tuent par procuration, après avoir étouffé leur âme pleine de vie. Ils les acculent en les immergeant dans les profondeurs sombres et glacées d'un océan de désespoir.

Malheureusement, ces femmes sont bien seules aujourd'hui. Dans la chaîne pénale, leurs détresses psychologiques ne sont pas prises en compte, et il n'existe à l'heure actuelle que trop peu de structures d'accueil spécifiques pour les femmes victimes de violences conjugales.

Chacune et chacun à notre échelle, nous sommes les maillons d'une chaîne, nous pouvons agir pour que la situation change et que les consciences évoluent.

Remerciements

Mes remerciements à mon éditrice Héloïse d'Ormesson, pour sa confiance, sa bienveillance, ses conseils précieux. À Roxane Defer, pour son soutien et sa patience.

Conception graphique
Anne-Marie Bourgeois/m87design

Achevé d'imprimer par
Normandie Roto Impression s.a.s
61250 Lonrai
en septembre 2021

Dépôt légal
octobre 2021.
Numéro d'imprimeur
2104465

Édition n°1